*Aquele que segue a justiça e a bondade  
achará a vida, a justiça e a honra.*  
Provérbios 21:21

# COMPLIANCE
# JURÍDICO

# COMPLIANCE JURÍDICO

ANA RODRIGUES FABIAN

# COMPLIANCE
## JURÍDICO

NITERÓI/RJ
2019

© 2019, Editora Impetus Ltda.

**Editora Impetus Ltda.**
Rua Alexandre Moura, 51 – Gragoatá – Niterói – RJ
CEP: 24210-200 – Telefax: (21) 2621-7007

Conselho Editorial:
Ana Paula Caldeira • Benjamin Cesar de Azevedo Costa
Ed Luiz Ferrari • Eugênio Rosa de Araújo
Fábio Zambitte Ibrahim • Fernanda Pontes Pimentel
Izequias Estevam dos Santos • Marcelo Leonardo Tavares
Renato Monteiro de Aquino • Rogério Greco
Vitor Marcelo Aranha Afonso Rodrigues • William Douglas

Projeto Gráfico e Editoração Eletrônica: Bruna Sossai Peres
Capa: Bruna Sossai Peres
Revisão de Português: Carmem Becker
Impressão e encadernação: Editora e Gráfica Vozes LTDA

---

DADOS INTERNACIONAIS DE CATALOGAÇÃO NA PUBLICAÇÃO (CIP)

F118c   Fabian, Ana Rodrigues.
Compliance Jurídico / Ana Rodrigues Fabian. – Niterói, RJ: Editora Impetus, 2019.
224 p. ; 16 x 23 cm.    Inclui bibliografia.    ISBN 978-85-299-0020-9
1. Direito. 2. Compliance. 3. Código de ética. 4. Código para fornecedores. 5. Comunicação – Política. 6. Gestão de riscos – Política. 7. Serviços terceirizados – Política. 8. Reembolso – Política. 9. Viagens – Política. 10. Recursos humanos – Política. 11. Governança.    I. Título.
CDU 34

---

Bibliotecária responsável: Bruna Heller – CRB 10/2348
Índice para catálogo sistemático: 1. Direito 34

O autor é seu professor; respeite-o: não faça cópia ilegal.

TODOS OS DIREITOS RESERVADOS – É proibida a reprodução, salvo pequenos trechos, mencionando-se a fonte. A violação dos direitos autorais (Lei nº 9.610/98) é crime (art. 184 do Código Penal). Depósito legal na Biblioteca Nacional, conforme Decreto nº 1.825, de 20/12/1907.

A **Editora Impetus** informa que se responsabiliza pelos defeitos gráficos da obra. Quaisquer vícios do produto concernentes aos conceitos doutrinários, às concepções ideológicas, às referências, à originalidade e à atualização da obra são de total responsabilidade do autor/atualizador.

**www.impetus.com.br**

# Dedicatória

Dedico esta obra aos meus três filhos.

Ter vontade de realizar um sonho é muito diferente de concretizá-lo, e esta obra foi a materialização de um forte desejo de escrever. Escrevo para deixar para o mundo algumas ideias, e para meus filhos poderem me segurar em suas mãos na forma de palavras. É com muito amor e um grande carinho que lhes apresento este trabalho, que foi realizado com muita satisfação e alegria.

# Agradecimento

Agradeço a Deus, assim como faço todos os dias ao levantar e ao deitar, pela oportunidade que me foi dada de poder escrever, de me dar um pouco de sabedoria e um desejo incansável de continuar estudando e evoluindo, podendo trazer para meus queridos alunos uma obra feita com muito carinho e esmero.

Agradeço aos meus filhos.

Mateus, que hoje conta com 17 (dezessete) anos, nasceu antes mesmo do início do meu curso de Graduação em Direito. Ele me acompanhava nas aulas aos sábados, sentava ao meu lado com uma folha em branco e lápis de cor, sem dar uma só palavra, ficava a aula toda junto a mim.

Davi, que hoje conta com 03 (três) anos, ao nascer renovou a minha vida, trouxe uma luz incomensurável para nossas vidas, e vez por outra pede para sentar e ao usar o notebook diz que está estudando, diz que está trabalhando, igual a mamãe.

Elrick, hoje com 02 (dois) anos, quando pensávamos que não poderíamos ser mais felizes, ele nasceu, e transbordou nossas vidas com muita energia, muita alegria. Várias vezes escrevi partes da obra com ele em meu colo, e me abraçando fica repetindo "minha mamãe", não há palavras para descrever.

Agradeço, por fim, a imensa oportunidade de uma tão renomada Editora ter aberto as portas do mundo para esta que vos escreve, hoje posso dizer que sou mãe, graduada, advogada, especialista e professora, mas posso dizer ainda mais, posso dizer também, que graças a essa equipe maravilhosa, sou escritora, sou autora.

Muito obrigada!

# A Autora

Graduação em Direito pela Universidade de Fortaleza (2009), Pesquisadora Bolsista do CNPq na área de Direito Tributário.

Pós-Graduação – Direito Processual, Faculdade 7 de Setembro – Fa7, 2009 a 2011.

Pós-Graduação – Tecnologias e Educação à Distância, Universidade da Cidade de São Paulo – UNICID, 2012 a 2014.

Pós-Graduação – Política e Sociedade, Universidade Barão de Mauá, 2012 a 2014.

MBA Executivo em Gestão de Negócios Imobiliários, Universidade Barão de Mauá, 2014.

Pós-Graduação – Direito e Processo Civil, Faculdade São Luís, 2017 a 2019.

MBA em Gestão de Pessoas e Liderança, Faculdade São Luís, 2018 a 2019.

Possui um site próprio <http://www.fabiancursos.com>. Cursos com Certificação na Área do Direito através da página <https://unieducar.org.br/professor/anafabian>, Canal Fabian Cursos (YouTube), e se posiciona nas mídias sociais como: @prof.anafabian (Instagram), ana.fabian.75 (Facebook), ana-fabian-ba512617a (Linkedin), e mantém o e-mail para contato com seus alunos através de: fabiancursos@outlook.com.

# Conteúdo Programático

Código de Ética – cumprimento de regras de convivência no ambiente de trabalho, sem distinção de hierarquia, áreas ou funções exercidas; a transparência das operações em geral; a segurança das atividades dos profissionais envolvidos; e a segurança e o sigilo das informações que devem ser protegidas pela confidencialidade.

Código para Fornecedores – princípios constitucionais, devido processo legal, contraditório e ampla defesa.

Política de Comunicação – credibilidade, otimização, democratização, regionalização, planejamento, monitoramento.

Política de Gestão de Riscos – evitar, eliminar, reduzir, aceitar, compartilhar, aumentar o risco. Prazos longos, médios, curtos, imediatos.

Política de Gestão dos Serviços Terceirizados – análise de Risco, Custo, Oportunidade e Conveniência.

Política de Reembolso – reembolsáveis, não reembolsáveis, fidelização do cliente e vantagens com a Política de Reembolso.

Política de Viagens – política de viagens corporativas, prevenção de imprevistos, diretrizes, objetivos, condições.

Política de Recursos Humanos – finalidade, princípios, critérios e requisitos, frequência.

Ética, Governança e Compliance – comparativo de Compliance *versus* Jurídico, "*to comply*", análise da Lei nº 12.846/2013 (Lei Anticorrupção), ética empresarial, princípio da transparência, equidade.

Compliance Jurídico – Evitar processos judiciais, construir uma reputação positiva, aumentar a produtividade da empresa, organizando o Departamento Jurídico de Compliance.

# Apresentação

O tema Compliance Jurídico se constitui em relevante tópico para todo o estudo do Direito.

A obra traça um panorama amplo sobre o assunto, trabalhando seus conceitos iniciais e princípios, bem como a análise de cada tema trazido passando por Código de Ética, Código para Fornecedores, Política de Comunicação, Política de Gestão de Riscos, Política de Gestão dos Serviços Terceirizados, Política de Reembolso, Política de Viagens, Política de Recursos Humanos, Ética, Governança e Compliance, e finalizando o estudo com o Compliance Jurídico propriamente dito.

Direcionada a Advogados, contadores, administradores de empresas, empresários, empreendedores (de quaisquer áreas), e estudantes.

# Sumário

**Capítulo 1 – Código de Ética** .................................................... 01
  Esta empresa x tem algum objetivo? ................................. 03
  Qual seria a abrangência e suas diretrizes? ..................... 03
  Condutas aceitáveis aos dirigentes e empregados da Empresa X .... 08
  Condutas inaceitáveis aos dirigentes e aos empregados
  da Empresa X ........................................................................ 09
  Necessidade ou obrigação do cumprimento do Código de Ética? ... 13

**Capítulo 2 – Código para Fornecedores** ............................... 21

**Capítulo 3 – Política de Comunicação** ................................. 41
  Glossário ................................................................................ 45
  A comunicação nas empresas em um mundo globalizado ..... 47
  Ferramentas de comunicação para ajudar a motivar equipes ..... 52

**Capítulo 4 – Política de Gestão de Riscos** ........................... 57
  Diretrizes de gestão de riscos ............................................... 64
  Objetivos da gestão de riscos ............................................... 65
  Classificação dos riscos ........................................................ 66
  Estrutura para gestão de riscos ............................................ 67
  Identificação de riscos .......................................................... 68
  Análise e quantificação de riscos ......................................... 68
  Avaliação de riscos ............................................................... 69
  Tratamento de riscos ............................................................ 70
  Monitoramento e análise crítica ........................................... 70
  Aplicabilidade ....................................................................... 71
  Vigência e aprovação ........................................................... 71
  Política de consequências a violações ................................. 71

**Capítulo 5 – Política de Gestão dos Serviços Terceirizados** ............ 73

**Capítulo 6 – Política de Reembolso** ............................................... 93

**Capítulo 7 – Política de Viagens** ................................................... 109

**Capítulo 8 – Política de Recursos Humanos** ............................... 123

**Capítulo 9 – Ética, Governança e Compliance** ........................... 139

**Capítulo 10 – Compliance Jurídico** ............................................. 175
    Lei nº 12.846, de 1º de agosto de 2013 – A Lei anticorrupção ........ 200

CAPÍTULO 1

Código de Ética

A nossa obra vem tratar de um tema bastante relevante e atual. Não podemos entender o mundo hoje sem analisar a necessidade do Compliance Jurídico, extremamente útil e não suficientemente difundido.

Fazer uma abordagem do tema e discutir os principais enfoques é nosso propósito.

Inicialmente vamos verificar uma determinada empresa que atua no segmento X, visando ao seu crescimento dentro de princípios éticos e à satisfação de seus clientes e instituições congêneres, buscando sempre manter sólida reputação, com a consciência de sua responsabilidade social e ambiental. Suas atividades devem sempre se pautar pela integridade, confiança e lealdade, bem como pelo respeito e valorização do ser humano e sua privacidade, individualidade e dignidade, sem quaisquer preconceitos e formas de discriminação.

### ◀ ESTA EMPRESA X TEM ALGUM OBJETIVO?

Certamente, pois todas as empresas que têm interesse em prosperar, ou até mesmo, em continuar existindo, precisam de um objetivo.

Então, este Código de Ética tem como finalidade dirimir questões relacionadas:

(i) ao cumprimento de regras de convivência no ambiente de trabalho, sem distinção de hierarquia, áreas ou funções exercidas;
(ii) a transparência das operações em geral;
(iii) a segurança das atividades dos profissionais envolvidos; e
(iv) a segurança e o sigilo das informações que devem ser protegidas pela confidencialidade.

### ◀ QUAL SERIA A ABRANGÊNCIA E SUAS DIRETRIZES?

O Código de Ética contempla diretrizes de conduta baseadas em padrões éticos e morais que servirão de referencial para o comportamento de todos os colaboradores, internos e externos, cabendo a sua aplicação a todos os integrantes do quadro funcional da Empresa X, no exercício de suas funções, inclusive prestadores de serviços, fornecedores e parceiros de negócios que se vinculam à instituição.

Uma empresa, seja ela física ou virtual, para existir e permanecer desta forma, precisa estar disponível, precisa aparecer para seus clientes, consumidores, compradores, concorrentes, fornecedores, ou seja, ela precisa ser notada, observada de vários ângulos.

Muitas empresas, por terem medo da concorrência, ficam tentando se esconder no anonimato, deixam de crescer com medo de cair, mas isso tudo é falta de conhecimento, pois a concorrência ajuda no crescimento, desenvolvimento de ideias e ideais.

A divulgação do objetivo e propósito da empresa é essencial para que ela exista. Este Código de Ética ficará publicamente disponível no WEBSITE da Empresa no endereço <http://www.nomedaempresa.com.br> para consulta de colaboradores a qualquer momento, cabendo ao Representante Legal da Empresa:

(i) assegurar o cumprimento deste **Código de Ética**;
(ii) dar ciência aos novos colaboradores sobre o **Código de Ética,** mantendo registro de sua ciência e concordância;
(iii) promover a ampla divulgação do **Código** e suas atualizações ao corpo funcional da Empresa, clientes, prestadores de serviços e fornecedores;
(iv) esclarecer dúvidas e verificar o entendimento quanto ao conteúdo e aplicação.

De grande importância é a demonstração dos valores da empresa para todos que a cercam. Os valores devem ficar explícitos, escritos e explicados a todos, vejamos:

– respeito às pessoas;

– responsabilidade social e cidadania;
– integridade profissional e pessoal;
– transparência nos processos;
– orgulho de trabalhar na Empresa X;
– gosto por desafios;
– equidade de Gênero e Raça;
– compromisso com resultados;
– competência técnica;
– confiança e credibilidade;
– confidencialidade e segurança das informações.

Segundo Leonardo Boff (2003, p. 27), a crise moral e ética que se instalou na atualidade propicia a desintegração das relações interpessoais, justificada na grande tensão encontrada pela tentativa de funcionamento em torno de interesses particulares em detrimento dos interesses do direito e da justiça, até mesmo dos interesses coletivos, assim ele afirma:

> *Tal fato se agrava ainda mais por causa da própria lógica dominante da economia e do mercado que se rege pela competição, que cria oposições e exclusões, e não pela cooperação que harmoniza e inclui.*

Agora, vamos ver os princípios éticos que consequentemente devem ficar claros aos dirigentes e colaboradores.

Os dirigentes e os colaboradores da Empresa X pautam suas ações pelos seguintes princípios, no relacionamento com os diversos setores da sociedade, assegurando:

**AOS CLIENTES**
O profissionalismo, a confiança e a transparência.

A disponibilidade de soluções que agreguem valor aos negócios de seus clientes, investindo, permanentemente, na busca de tecnologias adequadas e no aprimoramento das estratégias empresariais.

A valorização e o respeito ao cumprimento dos acordos e contratos, bem como aos direitos dos seus clientes.

A valorização das oportunidades de negócios e parcerias construídas com seus clientes, visando aresultados em benefício da sociedade.

A identificação, proposição e viabilização de soluções inovadoras e integradas que contribuem como reforço à legitimidade e sustentação de seus clientes.

Buscando sempre resolver as dores dos clientes e não apenas vender os produtos e serviços, fazer essa ligação interpessoal com clientes é sinônimo de recompra, de retorno, de fidelização.

## AOS ÓRGÃOS GOVERNAMENTAIS

O reconhecimento do papel e apoio à atuação dos órgãos controladores, prestando-lhes informações pertinentes e confiáveis no tempo adequado.

## ÀS PESSOAS

A manutenção de um ambiente de trabalho onde o relacionamento é baseado no profissionalismo, confiança, cooperação, integração, respeito às diferenças individuais e urbanidade.

O compartilhamento de seus conhecimentos e experiências, buscando o aprimoramento da capacitação técnica, dos métodos e dos processos, de maneira a atingir melhor resultado global da Empresa.

A valorização das pessoas, contribuindo para o seu desenvolvimento pessoal, técnico e profissional.

O zelo, permanente, pela utilização adequada e econômica dos recursos materiais, técnicos e financeiros da Empresa.

A preservação e respeito à imagem, ao patrimônio e aos interesses da Empresa.

O reconhecimento e valorização do capital intelectual da Empresa e o estímulo ao surgimento de novas lideranças.

A valorização e o estímulo à conduta ética individual e coletiva.

## AOS FORNECEDORES E EMPRESAS DE TERCEIRIZAÇÃO DE SERVIÇOS

Os Princípios da Administração Pública, que estão expressos na Constituição Federal de 1988, devem ser utilizados também nas empresas privadas de modo a observar a legalidade, a impessoalidade, a moralidade, a publicidade e a eficiência em todos os atos praticados, ou seja, são princípios constitucionais expressos, tendo ainda os princípios implícitos que embasam os demais e dão suporte teórico e prático dentro de todo o ordenamento jurídico.

A manutenção de um relacionamento pautado no respeito mútuo, preservação e confidencialidade das informações pertinentes à Empresa e seus clientes.

Relacionamento com fornecedores e parceiros que possuem práticas harmônicas ao padrão ético adotado pela Empresa X e à moral social.

O estabelecimento de parcerias, desde que preservados a imagem e os interesses da Empresa X.

A rejeição às disposições contratuais que afrontem ou minimizem a dignidade, a qualidade de vida e o bem-estar social dos empregados terceirizados.

## À REPRESENTAÇÃO DOS EMPREGADOS, ASSOCIAÇÕES E INSTITUIÇÕES

O reconhecimento à legitimidade e manutenção de um diálogo permanente com as instituições representativas dos trabalhadores, legalmente constituídas, mantendo canais de diálogo pautados no respeito mútuo, seriedade, responsabilidade e transparência nas relações.

A negociação como instrumento adequado para buscar a integração e a convergência.

O cumprimento das determinações explicitadas nos instrumentos que regulam a relação da Empresa com seus empregados.

## À COMUNIDADE

O estabelecimento de relações justas e equilibradas com a comunidade por meio do incentivo, promoção, apoio e participação em ações de responsabilidade social e cidadania.

O incentivo, apoio e participação em ações governamentais voltadas para o desenvolvimento social e o combate à pobreza.

O estímulo às iniciativas socioculturais e esportivas de seus empregados.

Não podemos deixar de falar sobre o Código de Conduta Empresarial, pois os dirigentes e empregados da Empresa X devem pautar seu comportamento por ele, nos termos enumerados a seguir.

### ◀ CONDUTAS ACEITÁVEIS AOS DIRIGENTES E EMPREGADOS DA EMPRESA X

1. Preservar e cultivar a imagem positiva da Empresa.

2. Comercializar, nas dependências da Empresa, apenas os produtos e serviços de propriedade e de interesse da Empresa X.

3. Desenvolver condições propícias ao estabelecimento de um clima produtivo e agradável no ambiente de trabalho.

4. Tratar as pessoas e suas ideias com dignidade e respeito.

5. Proceder com lealdade, justiça e franqueza nas relações do trabalho.

6. Preservar o bem-estar da coletividade, respeitando as características pessoais, a liberdade de opinião e a privacidade de cada um.

7. Agir com clareza e lealdade na defesa dos interesses da Empresa X.

8. Apresentar-se de forma adequada para o desempenho de suas funções e atividades na Empresa.

9. Abster-se de utilizar influências internas ou externas, para a obtenção de vantagens pessoais e funcionais.

10. Eximir-se de fazer uso do cargo, da função de confiança ocupada ou da condição de empregado da Empresa X para obter vantagens para si ou para terceiros.

11. Utilizar os recursos da Empresa X apenas para finalidades de interesse da Empresa.

12. Contribuir para o bom funcionamento de toda a Empresa, abstendo-se de atos e atitudes que impeçam, dificultem ou tumultuem a prestação de serviços.

13. Recusar de pessoas físicas e/ou jurídicas, que mantenham relações comerciais com a Empresa X, presentes e/ou brindes de valor superior a R$ XXX,XX (XXX Reais).

14. Não elaborar e apresentar informações que reflitam reais posições e resultados econômicos, financeiros, operacionais, logísticos e quaisquer outros que afetem o desempenho da Empresa.

15. Priorizar e preservar os interesses da Empresa X junto a clientes, órgãos governamentais, instituições financeiras, fornecedores, entidades e outras empresas com as quais a Empresa X mantenha relacionamento comercial.

16. Estar acompanhado, de outro empregado ou da chefia ou de um par, ao manter qualquer relacionamento com fornecedor ou parceiro que resulte ou que possa resultar em contratação que atenda a interesse ou necessidade da Empresa X.

17. Prestar estrita anuência às diretrizes e à condução estratégica empresarial ao assumir função de confiança da Empresa.

18. Renunciar ao exercício da função de confiança para a qual tenha sido designado, quando houver dissonância com as diretrizes e orientações estratégicas empresariais.

### ◀ CONDUTAS INACEITÁVEIS AOS DIRIGENTES E AOS EMPREGADOS DA EMPRESA X

1. Reivindicar benefícios ou vantagens pessoais para si ou para terceiros, em decorrência de relacionamento comercial ou financeiro firmado em nome da Empresa X com clientes, órgãos governamentais, instituições financeiras, fornecedores, entidades e outras empresas com as quais a Empresa X mantenha este relacionamento.

2. Ser conivente ou omisso em relação a erros e infrações a este Código de Ética e às disposições legais e regulamentares vigentes, muito importante entender que omissão é inaceitável, não apenas ser conivente, mas ser omisso já é suficiente para causas danos à empresa.

3. Exercer outras atividades profissionais durante o expediente, com ou sem fins lucrativos, ou ainda, independentemente da compatibilidade de horários, exercer atividades que constituam prejuízo, concorrência direta ou indireta com as atividades da Empresa X.

4. Exercer qualquer tipo de discriminação a pessoas por motivos de

natureza econômica, social, política, religiosa, de cor, de raça ou de sexo.

5. Permitir que perseguições, simpatias, antipatias, caprichos, paixões ou interesses de ordem pessoal interfiram nas suas relações profissionais.

6. Prejudicar deliberadamente a reputação de empregado da Empresa ou de qualquer outro profissional com quem a Empresa X mantenha relacionamento comercial.

7. Prejudicar deliberadamente a reputação dos clientes, órgãos governamentais, fornecedores, entidades e outras empresas com as quais a Empresa X mantenha relacionamento comercial.

8. Pleitear, solicitar ou receber presentes, ou vantagens de qualquer espécie, para si ou para terceiros, além da mera insinuação ou provocação para o benefício que se dê, em troca de concessões ou privilégios de qualquer natureza junto a Empresa X.

9. Priorizar e preservar interesses pessoais, de clientes, órgãos governamentais, instituições financeiras, fornecedores, entidades e outras empresas, em detrimento dos interesses da Empresa X.

10. Obter vantagens, para si ou para terceiros, decorrentes do acesso privilegiado a informações da Empresa X, mesmo que não acarretem prejuízo para a Empresa.

11. Utilizar em benefício próprio ou repassar a terceiros, documentos, trabalhos, metodologias, produtos, ferramentas, serviços e informações de propriedade da Empresa X ou de seus clientes e fornecedores, salvo por determinação legal ou judicial.

12. Manifestar-se em nome da Empresa, por qualquer meio de divulgação pública, quando não autorizado ou habilitado para tal.

13. Fazer uso inadequado e antieconômico dos recursos materiais, técnicos e financeiros da Empresa.

14. Impedir ou dificultar a apuração de irregularidades cometidas na Empresa.

15. Alterar ou deturpar o teor de qualquer documento, informação ou dado de responsabilidade da Empresa ou de terceiros.

16. Facilitar ações de terceiros que resultem em prejuízo ou dano para a Empresa.

17. Gerar qualquer tipo de confusão patrimonial entre os bens da Em-

presa e seus próprios bens, independentemente de advirem vantagens pecuniárias dessa confusão.

18. Manter-se no exercício da função de confiança para a qual tenha sido designado, quando houver dissonância com as diretrizes e orientações estratégicas empresariais.

Na tentativa de se conceituar Ética, a realidade relatada se comprova.

> *A ética é daquelas coisas que todo mundo sabe o que são, mas que não são fáceis de explicar, quando alguém pergunta" (Valls, 1993:7). Para Augusto Comte (1798-1857), citado por Lima (2007) a Ética consiste na: (...) a suprema ciência, do amor por princípio, do amor sem cabeça, moral cósmica, naturalista e social, pois recompõe os laços do universo da natureza com o universo da moralidade e vê nas regras do comportamento humano um caso das leis que presidem a ordem universal. Ética em que o homem está submetido, em virtude de sua submissão à humanidade (...).*

De acordo com Vázquez (1984, p.12):

> *Ética é um conjunto sistemático de conhecimentos racionais e objetivos a respeito do comportamento humano moral, melhor dizendo, é a teoria ou ciência do comportamento moral do homem em sociedade.*

Durkeim (apud OLIVEIRA, 2006) conceitua Ética da seguinte forma:

> *Tudo que é relativo aos bons costumes ou às normas de comportamento admitidas e observadas, em certa época, numa dada sociedade.*

Segundo Moore (1975, p. 4):

> *A Ética é a investigação geral sobre aquilo que é bom, isso se dá porque o maior objetivo da Ética é tentar aproximar o ser humano da perfeição, alcançar a sua realização pessoal.*

Sob o ponto de vista de Jean-Paul Sartre (1905-1980), de acordo com Lima (2007), a Ética é:

> *(...) uma moral da ambiguidade e da situação. Vai da liberdade absoluta e inútil à liberdade histórica, da náusea diante da gratuidade das coisas, do em si e o para si, do ser e do nada, do ser para outros, do existencialismo como humanismo, da crítica da razão dialética. É o homem, o ser humano, isto é, cada indivíduo em determinadas circunstâncias, em determinada "situação", que por sua livre escolha cria o valor de seu ato. Todos os valores são relativizados, exceto aquele que a liberdade outorga a si mesma, quando se considera fim supremo (...).*

Segundo o *Dicionário Aurélio Buarque de Holanda*, Ética é:

> *O estudo dos juízos de apreciação que se referem à conduta humana susceptível de qualificação do ponto de vista do bem e do mal, seja relativamente à determinada sociedade, seja de modo absoluto.*

Etimologicamente observado, Ética origina-se no grego *ethos*, e encontra correlação no latim *morale*, com o significado sinônimo de conduta ou ainda referente aos costumes. Podemos concluir que etimologicamente ética e moral são palavras iguais, porém, será apresentada posteriormente a diferenciação básica entre Ética e Moral.

Uma das configurações atribuídas à palavra Ética é de cunho filosófico. Ética, enquanto parte da Filosofia, diz respeito a uma direção para reflexão sobre a complexa questão da moral no ser humano, relacionado ao meio social em que está inserido.

O autor Henrique Cláudio de Lima Vaz (2002, p. 63), em sua obra intitulada:

> *"Ética e Direito"*, *alerta para o perigo das teorias consideradas na atualidade que questionam a validade da Ética filosófica, dizendo: (...) parece difícil admitir que uma teoria do ethos no sentido filosófico da sua justificação ou fundamentação racional possa desaparecer do horizonte cultural da nossa civilização, a menos que desapareça a própria filosofia e a civilização venha a mudar de alma e de destino.*

### ◀ NECESSIDADE OU OBRIGAÇÃO DE CUMPRIMENTO DO CÓDIGO DE ÉTICA?

Em caso de dúvidas sobre qual deve ser a conduta correta a adotar, o colaborador deve procurar ajuda de forma sincera e transparente.

Deve ser comunicada imediata e formalmente ao Representante Legal da Empresa, qualquer situação que possa caracterizar conflito de interesses, ou fatos que possam prejudicar a Empresa ou que contrariem os princípios deste Código.

A Empresa assegura a confidencialidade na condução desses assuntos e o compromisso de apuração dos casos relatados.

Situações que, porventura, não estejam aqui explicitadas, serão tratadas como exceção e encaminhadas ao Representante Legal da Empresa que analisará e decidirá dentro dos princípios deste Código.

Este **Código de Ética** reflete os valores e a cultura da Empresa X e o seu cumprimento revela o compromisso de profissionalismo e transparência em todas as nossas ações no trabalho.

O desrespeito ao **Código de Ética** sujeitará os colaboradores às ações disciplinares, podendo resultar inclusive na sua demissão por justa causa e em processo legal.

Todos que se relacionam de forma direta ou indireta com a Empresa X devem conhecer e zelar pelo cumprimento deste **Código**, tendo os mesmos compromissos éticos, independentemente do cargo que ocupam.

A não observância de quaisquer das práticas e/ou procedimentos aqui descritos pode influir na credibilidade da imagem institucional da Empresa X perante os clientes, mercado, órgãos supervisores e regulamentadores, governo e a sociedade em geral.

De acordo com Marilena Chauí (1998), o que foi apresentado por Cenci (2002) corresponde ao principal pilar da diferenciação entre Moral e Ética, pois para ela toda moral é normativa enquanto designada a ditar aos sujeitos os padrões de conduta individual e/ou social, assim como os valores e costumes das sociedades das quais participam. Já a ética não é necessariamente normativa. A professora ainda sistematiza a subdivisão de ética em normativa e não normativa. Normativa seria a ética de deveres e obrigações e não normativa a ética que tem como objeto de estudo as ações e paixões humanas embasadas no ideal da felicidade de acordo com o critério da relação razão-vontade-liberdade.

De qualquer forma, não se pode pensar filosoficamente a Ética se não relacionada ao agente ético. Neste sentido, seria responsabilidade da Ética a definição da figura do agente ético e de suas atitudes. De acordo com este paradigma, o agente ético corresponde ao sujeito consciente que sabe o que são suas ações, sendo livre para escolher o que faz e responsável pelas consequências de seus atos (CHAUÍ, 1998).

Para Souto & Souto (1981), o sujeito, desde que em perfeito estado de juízo, já possui a ideia do que é certo ou errado em suas atitudes. Nas sociedades em geral existem os códigos de conduta estabelecendo o que deve ser considerado como certo ao agir. Dessa forma, existe a ideia de como fazer.

O jurista João Baptista Herkenhoff (1987, p. 83) enuncia o seu entendimento acerca de Ética citando:

> *O mundo ético é o mundo do "dever ser" (mundo dos juízos de valor) em contraposição ao mundo do "ser" (mundo dos juízos de realidade).*

Já a Moral, segundo Herkenhoff (1987, p. 85):

> *É a parte subjetiva da ética que ordena o comportamento humano para consigo mesmo, além de englobar os costumes, obrigações, maneiras e procedência do homem em convívio com os demais. A moral é compreendida na forma de uma conduta voluntária isenta de pressões externas ao indivíduo.*

Segundo Vázquez (1984), a Moral deriva da necessidade comum aos indivíduos de se relacionarem buscando o bem para a coletividade, podendo ser definida também como um conjunto de normas e regras que tem a finalidade reguladora das interações entre os indivíduos dividindo o mesmo espaço em um mesmo tempo. A moral, dessa forma, consiste em um dado histórico mutável e dinâmico que evolui conforme as transformações políticas, econômicas e sociais, tendo em vista que a existência de princípios morais estáticos seria impossível.

Segundo Nicola Abbagnano (1970, p. 652), em seu *Dicionário de Filosofia*, moral é um substantivo configurado de diferentes formas, tais como: 1 – O mesmo que Ética; 2 – O objeto da Ética que consiste na conduta direcionada por normas.

Para Soren Aabye Kierkegaard (1813-1855), citado por Lima (2007), a moral é existente em uma vida que levou a sério o cristianismo, do poeta cristão, do indivíduo diante de Deus.

Existe a definição que circula em torno do entrelaçamento entre Ética e Moral, no sentido de que existiria um método científico para se estudar a Moral, baseado em uma teoria que propicia a descrição das normas e valores comportamentais.

> *A ética é uma ciência da moral, pois questiona ao buscar por que e em quais condições determinada ação é considerada boa ou má, até que ponto ajuda a construir a identidade de uma nação, grupo ou pessoa* (RIBEIRO, 2000, p. 137).

Faz-se apropriada, aqui, a definição de Cenci (2002, p. 90) para Ética, que "nasce amparada no ideal grego da justa medida, do equilíbrio das ações".

Ângelo Cenci ainda esclarece que "a justa medida é a busca do agenciamento do agir humano de tal forma que o mesmo seja bom para todos".

Para tanto, indaga-se: **E não é esse o fundamento para o exercício cotidiano dos profissionais do Direito?**

Resta evidente, embora alguns até discordem, que os valores éticos e morais devem ser o fundamento da construção do profissional do Direito, no sentido da aplicação dos princípios morais enumerados pela Ética geral aplicada ao campo profissional, possibilitando a prática da ética profissional.

A pessoa tem que estar imbuída de certos princípios ou valores próprios do ser humano para vivenciá-lo nas suas atividades de trabalho. De um lado, ela exige a deontologia, isto é, o estudo dos deveres específicos que orientam o agir humano no seu campo profissional; de outro lado, exige a diciologia, isto é, o estudo dos direitos que a pessoa tem ao exercer suas atividades (CAMARGO, 1999, p. 33).

O Direito, se analisado sob o ponto de vista cultural, abarca o sentido de ser uma realidade referente a valores, possuindo como missão intrínseca a progressiva busca pela segurança jurídica que consiste em bem social e da justiça. Tais objetivos são comuns à Ética, contudo, não se pode atribuir à norma ética o valor imperativo da norma jurídica.

São definidas como normas éticas:

> *(...) as normas que disciplinam o comportamento do homem, quer o íntimo e subjetivo, quer o exterior e social. Prescrevem deveres para a realização de valores. Não implicam apenas em juízos de valor, mas impõem a escolha de uma diretriz considerada obrigatória, numa determinada coletividade. Caracterizam-se pela possibilidade de serem violadas* (HERKENHOFF. 1987, p. 87)..

O saudoso jurisconsulto Miguel Reale em seu livro *Lições Preliminares de Direito* já defendia que:

> *"(...) as normas éticas não envolvem apenas um juízo de valor sobre os comportamentos humanos, mas culminam na escolha de uma diretriz considerada obrigatória numa coletividade"* (REALE, 2002, p. 33). *Nesta perspectiva, a ética pode ser entendida como uma tomada de decisão, uma escolha embasada em um conjunto de valores organizadores de uma determinada sociedade. De acordo com Reale (2002, p. 35), "toda norma ética expressa um juízo de valor, ao qual se liga uma sanção (...)".*

A ética, neste sentido, corresponde a uma obrigação e seu cumprimento tem como pressuposto a ideia do que é justo diante da sociedade, que pode ser aceita ou não de acordo com o juízo de valor de cada um.

Miguel Reale (2002, p. 42) afirma que "a teoria do mínimo ético consiste em dizer que o Direito representa apenas o mínimo de Moral declarado obrigatório para que a sociedade possa sobreviver", relacionando Direito e Moral, ambos inseridos em um complexo ético, pois o viver de forma ética corresponde ao ato de acrescer uma regra moral de uma norma jurídica em uma situação qualquer.

Referente à conduta ética do profissional do Direito – especificamente o advogado, tem-se que: o serviço profissional é bem de consumo e, para ser consumido, há de ser divulgado mediante publicidade. Em relação à advocacia, é necessária uma postura prudencial. Não se procura advogado como se busca um bem de consumo num supermercado. A contratação do causídico está sempre vinculada à ameaça ou efetiva lesão de um bem da vida do constituinte (NALINI, 2006, p. 247).

Ainda esse mesmo autor, vem a nos esclarecer sobre a responsabilidade do profissional do Direito no que tange à probidade:

> *(...) quem escolhe a profissão de advogado deve ser probo. (...) Quem procura um advogado está quase sempre em situação de angústia e desespero. Precisa nutrir ao menos a convicção de estar a tratar com alguém acima de qualquer suspeita* (NALINI, 2006, p. 252).

Sobre a Ética e o profissional exercendo o Direito, pode-se salientar ainda que não existe o exercício de defesa da justiça e equidade sem a aplicação de normas éticas a embasar o ordenamento jurídico.

Nesse sentido, comenta com muita propriedade Ruy de Azevedo Sodré (1967, p. 32):

> *A ética profissional do advogado consiste, portanto, na persistente aspiração de amoldar sua conduta, sua vida, aos princípios básicos dos valores culturais de sua missão e seus fins, em todas as esferas de suas atividades.*

Por fim, temos que a Ética é o estudo geral do que é certo ou errado, bom ou mal, justo ou injusto, apropriado ou inapropriado. Assim, é possível a conclusão do objetivo da Ética na fundamentação de regras estabelecidas pela Moral e pelo Direito, porém, ressaltando, que ela se diferencia de ambos, na medida em que não dita regras (GLOCK & GOLDIM, 2003).

Em síntese, o sujeito deve ansiar pela ética profissional em seu desempenho cotidiano, ressaltando a validade de sua adoção como código principal de vida, pois, tanto a ética quanto a moral devem ser resguardadas, propiciando crescimento profissional. Além disso, é de crucial importância que o profissional do Direito, como agente transformador da sociedade, oriente o ser humano no sentido de uma vida digna amparada por princípios éticos.

**Referências**

ABBAGNANO, N. *Dicionário de Filosofia*. São Paulo: Mestre Jou, 1970.

ASHLEY, P. et al. *Ética e Responsabilidade Social nos Negócios*. Rio de Janeiro: Saraiva, 2003.

BOFF, L. *Ética e Moral:* a busca dos fundamentos. Petrópolis: Vozes, 2003.

BRAGA, K. S. *A Comunicação Científica e a Bioética Brasileira*. 2006. Projeto de Doutorado em Ciência da Informação – Departamento de Ciência da Informação e Documentação da FACE/UnB, Brasília, 2006.

CAMARGO, M. *Fundamentos de ética geral e profissional*. Petrópolis: Vozes, 1999.

CARVALHO, L. L. *A Moral, o Direito, a Ética e a Moralidade Administrativa*. Disponível em: <http://www.fucamp.com.br/nova/revista/revista0309.pdf>. Acesso em: 6 nov. 2009.

CENCI, A. V. *O que é Ética? Elementos em Torno de uma Ética Geral*. 3. ed. Passo Fundo, 2002.

CHAUI, M. *Convite à Filosofia*. São Paulo: Ática, 1995.

_____. *Ensaio – Ética e Violência*. Portal da Fundação Perseu Abrano, n. 39, out.-nov.-dez de 1998. Disponível em: <http://www2.fpa.org.br/portal/modules/news/article.php?storyid=2305>. Acesso em: 3 nov. 2009.

GLOCK, R. S.; Goldim, J. R. Ética Profissional É Compromisso Social. *Mundo jovem*, v. 4, n. 335. Porto Alegre: PUCRS, 2003.

HERKENHOFF, J. B. *Introdução ao Estudo do Direito* (a partir de perguntas e respostas). Campinas: Julex Livros, 1987.

LIMA, M. S. *O Direito, a Ética e a sua História*. Jus Navigandi. Teresina, ano 12, n. 1606, 24 nov. 2007. Disponível em: <http://jus.com.br/revista/texto/10674/o-direito-a-etica-e-a-sua-historia>. Acesso em: 3 nov. 2009.

MOORE, G. E. *Princípios Éticos*. São Paulo: Abril Cultural, 1975.

NALINI, J. R. *Ética Geral e Profissional*. 5. ed. São Paulo: RT, 2006.

OLIVEIRA, J. R. G. *O Advogado e a Ética*. 2006. Disponível em: <http://kplus.cosmo.com.br/materia.asp?co=174&rv=Direito>. Acesso em: 6 nov. 2009.

PEGORARO, O. A. Ética é Justiça. 5. ed. Petrópolis: Vozes, 1995.

PINHO, R. R. *Instituições de Direito Público e Privado*. São Paulo: Atlas, 1995.

REALE, M. *Lições Preliminares de Direito*. São Paulo: Saraiva, 2002.

RIBEIRO, J. C. A. Ética como Fator de Resistência no Jornalismo. *Revista Brasileira de Ciências da Comunicação*, v. XXIII, n. 2, jul./dez. 2000, p. 137-141.

SODRÉ, R. A. *O Advogado, seu Estatuto e a Ética Profissional*. São Paulo: RT, 1967.

SOUTO, C. & Souto S. Sociologia do Direito. São Paulo: LTC/USP, 1981.

VALLS, A. L.M. *O que É Ética*. 7. ed. São Paulo: Brasiliense, 1993.

VAZ, H. C. L. Ética e Direito TOLEDO, C. & MOREIRA, L. (Org.). São Paulo: Edições Loyola, 2002.

VÁZQUEZ, A. S. *Ética*. Tradução de João Dell'Anna. 7. ed. Rio de Janeiro: Civilização Brasileira, 1984.

CAPÍTULO 2

Código para Fornecedores

Inicialmente neste capítulo vamos ver que este Código abrange todos os fornecedores e empregados da Empresa X.

O descumprimento de qualquer das regras do Código de Conduta dará o direito de rescindir, imediatamente, por justo motivo, a parceria comercial estabelecida. Nesta hipótese, não caberá à sua empresa o direito a qualquer indenização, seja a que título for.

Existe a necessidade de processo de aquisição de produtos e serviços, os fornecedores e compradores devem orientar-se pelos seguintes parâmetros:

**1.** Todas as aquisições de bens e serviços são restritas exclusivamente ao setor competente e responsável por tal atividade.

**2.** As autorizações de compras ou contratações devem ser formalizadas e evidenciadas por meio de Ordem de Compra (O.C.), Ordem de Serviço (O.S.), ou Contrato, dando assim publicidade aos atos.

**3.** As compras de materiais ou serviços não poderão envolver empresas das quais participe parente, até segundo grau, de empregado da Empresa X envolvido no processo de licitação, evitando o favorecimento, tirando o princípio da impessoalidade, cuja observância é importante mesmo entre as empresas do setor privado.

**4.** Compradores devem cotar pelo menos três orçamentos com empresas regularizadas, qualificadas e cadastradas no sistema de fornecedores da Empresa X, podendo assim dar margem de escolha relativa a preços, qualidade e tempo de entrega.

**5.** Os produtos devem ser entregues, juntamente com as notas fiscais, ao local identificado na O.C. O.S. ou Contrato. O produto ou mercadoria segue a nota, devem andar juntos.

**6.** Tanto o fornecedor como a Empresa X devem manter registros precisos de todos os assuntos relacionados à relação comercial (fornecedor com a Empresa X e vice-versa). O registro detalhado ajuda no momento da escolha, assim como também se vier a existir fato extraordinário que precise de uma resposta urgente, não podendo aguardar pesquisa, esses registros serão imprescindíveis.

A Constituição Federal de 1988, quando cuidou dos Direitos e Garantias, estabeleceu em seu art. 5º, inciso XXXII, que "o Estado promoverá, na forma da lei, a defesa do consumidor".

No art. 48, do Ato das Disposições Transitórias, traz a seguinte determinação:

> *O Congresso Nacional, dentro de 120 (cento e vinte) dias da promulgação da Constituição, elaborará Código de Defesa do Consumidor.*

A codificação aconteceu depois de decorridos quase 2 (dois) anos. O Código foi votado e aprovado na Lei nº 8.078, de 11 de setembro de 1990.

O princípio da igualdade exposto no art. 5º da Magna Carta é fundamental. O princípio da igualdade é o mesmo princípio da isonomia. Referimo-nos aqui à isonomia entre consumidores e fornecedores. O objetivo do Código de Defesa do Consumidor – CDC é determinar o ponto de equilíbrio entre consumidores e fornecedores, tratando os desiguais de forma desigual. Devem ser respeitadas as obrigações de cada parte, buscando sempre evitar o desequilíbrio contratual.

Temos a norma consagrada no art. 4º, inciso. III, do CDC, *in verbis*:

> *III – harmonização dos interesses dos participantes das relações de consumo e compatibilização da proteção do consumidor com a necessidade de desenvolvimento econômico e tecnológico, de modo a viabilizar os princípios nos quais se funda a ordem econômica (art. 170, da Constituição Federal), sempre com base na boa-fé e equilíbrio nas relações entre consumidores e fornecedores.*

O legislador infraconstitucional procurou garantir a igualdade com a harmonia entre as partes envolvidas na relação de consumo. Tal equilíbrio é bastante difícil de ser operacionalizado, tendo em vista a vulnerabilidade do consumidor, respaldado na lei, conforme Ada Pellegrini (1996, p. 55):

> *(...) a tarefa de equilibrar processualmente os litigantes que não se encontram em igualdade de condições é delicada. As prerrogativas não devem superar o estritamente necessário para restabelecer o equilíbrio. Por isso, frequentemente a doutrina considera inconstitucional o tratamento privilegiado dispensando às partes.*

Sobre o princípio do devido processo legal, está posto no inciso LIV do art. 5º da Magna Carta, que preconiza: "ninguém será privado da liberdade ou de seus bens sem o devido processo legal". Segundo Alexandre de Morais (1999, p. 112) tal princípio faz parte dos Direitos Humanos:

> *A Constituição Federal de 1988 incorporou o princípio do devido processo legal, que remonta à* Magna Charta Libertatum *de 1215, de vital importância no direito anglosaxão. Igualmente, o art. XI, nº 1, da Declaração Universal dos Direitos do Homem, garante que "todo homem acusado de um ato delituoso tem o direito de ser presumido inocente até que a sua culpabilidade tenha sido provada de acordo com a lei, em julgamento público no qual lhe tenham sido asseguradas todas as garantias necessárias à sua defesa.*

O princípio do devido processo legal serve às relações de consumo no que diz respeito às demandas em processos judiciais e administrativos. O devido processo legal possui como consectários a ampla defesa e o contraditório, estes deverão ser garantidos aos litigantes, em processo judicial ou administrativo, e aos acusados em geral, em consonância com o texto constitucional expresso (art. 5º, LV).

O contraditório e a ampla defesa são assegurados à parte demandada para se manifestar sobre todas as provas apresentadas e sobre as alegações feitas pela parte demandante. Sobre tais princípios, discorreremos com mais vagar nos capítulos seguintes.

O cliente e fornecedores veem com bons olhos a empresa que atende à legislação, normas e contratos. É evidente que as empresas que conseguem ser éticas saem na frente e permanecem por serem mais confiáveis, vejamos:

**1.** Cumprir plenamente todas as leis e regulamentos aplicáveis dos países onde atuam, e também este Código.

**2.** Respeitar e cumprir as cláusulas contratuais estabelecidas entre as partes, e que os gestores dos contratos da Empresa X demonstrem o mesmo compromisso. Qualquer sugestão ou alteração, mesmo que proposta por parte de um empregado de nossa empresa, só será considerada se feita dentro da forma legal, representada e documentada dentro do contrato válido.

**3.** Reconhecer, respeitar e cumprir a Lei Trabalhista, convenções e acordos coletivos legais dos trabalhadores.

A Política Nacional de Relações de Consumo – PNRC encontra acento no Capítulo II do Título I do CDC. Esta política dedica-se às carências do consumidor, com respeito a sua dignidade, segurança, saúde, propiciando a melhora da sua qualidade de vida, e tem por objetivo alcançar a harmonia nas relações de consumo, respeitando diversos princípios já elencados, assim informa o inciso III do art. 4° do CDC:

> *III – harmonização dos interesses dos participantes das relações de consumo e compatibilização da proteção do consumidor com a necessidade de desenvolvimento econômico e tecnológico, de modo a viabilizar os princípios nos quais se funda a ordem econômica (art. 170, da Constituição Federal), sempre com base na boa-fé e equilíbrio nas relações entre consumidores e fornecedores;*

O Princípio do equilíbrio está implícito no art. 3°, I, da Constituição Federal de 1988 – CF/88; quando se fala em construir uma sociedade justa, o princípio do equilíbrio é essencial, pois relações jurídicas equilibradas implicam a solução do tratamento equitativo.

A relação entre fornecedores e consumidores deve ser moderada, ou seja, os limites devem ser respeitados para evitar excessos, mantendo a prudência com relação ao firmamento do negócio. Argumenta Gama (2002, p. 19):

> *Pelo fato de um fornecedor arguir-se como credor de um consumidor, não pode ele execrar a dignidade deste. Pelo fato de um consumidor conter uma razão ou uma demanda contra um fornecedor, nem por isso pode ele ultrapassar os limites da contenda para querer condenações maiores.*

Há necessidade de igualdade nas contratações para que seja concretizado o princípio da equidade, que se encontra esculpido no inciso II do art. 6°, e que mantém intrínseca relação com o princípio da igualdade estampado no texto constitucional (art. 5°, *caput*, da CF/88).

É desejo de todo comprador, fornecedor ou futuro cliente conseguir enxergar a verdade e transparência na sua empresa, que seja primordial de tal forma que mesmo que seus preços estejam um pouco acima dos valores de mercado, ainda sim venda e permaneça vendendo, tendo clientes e fidelizando-os.

Clientes satisfeitos serão divulgares gratuitos de sua marca, comércio, empresa, vejamos:

**1.** Comprometer-se quanto à veracidade das informações prestadas à Empresa X, tais como: jurídico-fiscais, econômico-financeiras, saúde, segurança, meio ambiente, qualidade técnica, capacitação profissional dos empregados e/ou prestadores de serviço e outras informações quando solicitadas.

**2.** Manifestar claramente opinião e compromisso no processo de contratação dos serviços, como também sobre as práticas de trabalho, durante o período de prestação dos trabalhos, evitando indução a erros e desentendimentos.

**3.** Ter clareza e transparência das informações necessárias para a cotação, contratação, compra e administração de produtos e serviços.

**4.** Buscar formalizar a comunicação de informações por meio de e-mails, memorandos ou outros tipos de documentos, de forma organizada e controlada.

**5.** Implementar mecanismos para identificar, determinar e gerenciar riscos em todas as áreas mencionadas neste Código e em todas as exigências legais aplicáveis.

**6.** Utilizar documentação adequada para demonstrar que compartilha os princípios e valores expressos neste Código. A documentação poderá ser analisada pela Empresa X quando necessário e solicitado.

Temos a seguinte definição da expressão boa-fé:

> *Estado resultante de agir com honestidade, sinceridade, fidelidade. Presunção de agir de acordo com a lei. Um dos elementos necessários à formação de negócio jurídico de qualquer natureza, quanto à atuação das partes ou de uma delas, agindo se a intenção de causar prejuízo à outra ou a terceiro* (SIDOU, 1999, p. 205).

O termo evoluiu em concomitância com a sociedade romana, que passou a aceitar a boa-fé como valor a ser observando, tendo inclusive reflexos jurídicos, garantindo assim aos mercadores que fosse considerada sua intenção quando do momento da pactuação do negócio. Ao relatar este período, leciona Aldemiro Rezende Dantas Junior (2007, p. 44):

> *[...] O direito contratual romano, que até então reconhecia os contratos formais, ou seja, cuja celebração atendia a fórmulas sacramentais rígidas, passa a reconhecer, tam-*

> *bém, com base na* fides, *os que não dependiam de uma solenidade especial ou fórmula sacramental para a sua eficácia, e o que se vê é o surgimento de uma dicotomia entre os contratos de direito estrito e os contratos de boa-fé, sendo que os primeiros eram contratos formais do direito civil, (ou quiritário), e os segundos, como já mencionado, os que eram eficazes mesmo não tendo obedecido a qualquer solenidade específica.*

Seduzir e conquistar a concorrência é deveras importante para obter respeito e admiração; vejamos que os fornecedores devem conduzir seus negócios de maneira coerente com os princípios de concorrência leal e de acordo com as leis aplicáveis. Não são aceitos atos de espionagem empresarial, bem como qualquer outra prática que não seja a da concorrência leal.

A divulgação de situações onde haja corrupção e fraude nos causa repulsa e são sempre inaceitáveis e passíveis das medidas legais cabíveis quaisquer condutas ilícitas, tais como:
1. fornecimento de produtos e serviços de origem ilegal;
2. falsificação de documentos, assinaturas, marcas ou produtos;
3. ocultação de acidentes e incidentes de trabalho;
4. envolvimento em práticas ou condutas ilegais como evasão fiscal, sonegação, contrabando e tráfico, entre outros.

A Empresa X não tolera o oferecimento ou a aceitação de suborno, propinas e outros tipos ilegais de pagamento.

Existem o assédio moral e o abuso de poder e a Empresa X não admite fornecedores e empregados associados às práticas comerciais coercivas para obter vantagem. Os Fornecedores devem tratar todos os trabalhadores com respeito e dignidade. Nenhum trabalhador deve ser submetido à punição corporal, abuso ou assédio físico, psicológico, sexual, ou verbal.

Cuidado com brindes, presentes, viagens e outras gratificações; saibam quando isso é possível e quando se torna aético.

**1.** Proibido oferecer gratificação em dinheiro, entretenimento e qualquer tipo de presente para os empregados da Empresa X, salvo para as cortesias comumente aceitas nas práticas comerciais, como brindes promocionais sem valor significativo.

**2.** Os empregados não estão autorizados a aceitar o pagamento de despesas e de custos de viagens, festas, entre outros. Exceções serão aceitas, caso o convite seja relacionado a visitas técnicas, reuniões de trabalho ou participação em eventos (seminários, congressos) e desde que devidamente formalizado junto ao Departamento do empregado convidado.

Qualquer Fornecedor ou empregado que violar este item corre o risco imediato de perda de todos os negócios e relacionamento existentes ou futuros com a empresa.

Havendo conflito de interesses o Fornecedor deve notificar imediatamente a Empresa X sobre qualquer caso de que tenha conhecimento. Um "Conflito de Interesse" é qualquer circunstância, transação ou relacionamento que envolva direta ou indiretamente o fornecedor e o interesse particular de qualquer colaborador da Empresa X que interfira de forma inadequada, ou mesmo pareça interferir de forma inadequada, com os interesses da Empresa X.

Um ponto muito importante a ser analisado é sobre a confidencialidade e sigilo, vejamos:

**1.** Os fornecedores e empregados da Empresa X devem proteger informações confidenciais e só as utilizar de maneira apropriada, além de assegurar a proteção da privacidade e de todos os direitos de propriedade intelectual válidos de todos os colaboradores e parceiros de negócios.

**2.** Os fornecedores não devem divulgar a ninguém da Empresa X informações relativas a qualquer outra empresa caso tenha obrigação contratual ou jurídica de não divulgar aquelas informações.

**3.** Informações da Empresa X não podem ser utilizadas para atender a interesse pessoal, em benefício próprio de empregado ou de terceiros, e mais ainda, de concorrentes diretos ou indiretos.

**4.** Pede-se sigilo nas relações comerciais.

Quando os prestadores de serviços devem respeitar o Compliance?

**1.** Prestadores de serviços que exercerem atividades na Empresa X devem respeitar e seguir os valores, princípios e códigos da empresa.

**2.** Respeitar as normas e procedimentos da Empresa X para entrada e saída das unidades da empresa para que a segurança de todos seja preservada.

**3.** Zelar pelos bens, instalações, produtos e equipamentos da Empresa X cedidos para a realização do trabalho.

Respeitar o Compliance é respeitar o ser humano, pois nas suas relações ele precisa ter a crença da boa-fé. Nós não sobreviveríamos se tivéssemos que passar todos os minutos analisando cada passo na crença da má-fé preponderante.

Sabendo disso, podemos afirmar que nas relações humanos a má-fé será sempre uma exceção, vigorando sempre o princípio da boa-fé nas nossas relações, e para entendermos mais sobre os direitos dos seres humanos vamos abrir breves considerações sobre o tema Direitos Humanos, sabendo que precisamos iniciar levando em conta que esses direitos separam os seres humanos das coisas e animais, fazendo assim uma sociedade de indivíduos, independentemente de suas dificuldades físicas ou motores, ou quaisquer fatores que poderiam ser fatores de segregação.

A alma do tema Direitos Humanos é sem dúvidas a Dignidade, nossa Constituição Federal de 1988 traz em diversos artigos, incisos e alíneas sobre o direito à vida, mas não é apenas o direito de estar vivo, na verdade esse direito tem uma dupla acepção, é o direito de estar vivo e o direito a uma vida digna.

A primeira vez que foi ventilado no Brasil ocorreu no Código Comercial de 1950, art. nº 131, que trazia entre outras normativas a aplicabilidade da boa-fé. Assim trazia:

*Art. 131. Sendo necessário interpretar as cláusulas do contrato, a interpretação, além das regras sobreditas, será regulada sobre as seguintes bases:*

*1 – a inteligência simples e adequada, que for mais conforme à boa-fé, e ao verdadeiro espírito e natureza do contrato, deverá sempre prevalecer à rigorosa e restrita significação das palavras;*

*2 – as cláusulas duvidosas serão entendidas pelas que o não forem, e que as partes tiverem admitido; e as antecedentes e subsequentes, que estiverem em harmonia, explicarão as ambíguas;*

*3 – o fato dos contraentes posterior ao contrato, que tiver relação com o objeto principal, será a melhor explicação da vontade que as partes tiverem no ato da celebração do mesmo contrato;*

*4 – o uso e prática geralmente observada no comércio nos casos da mesma natureza, e especialmente o costume do lugar onde o contrato deva ter execução, prevalecerá a qualquer inteligência em contrário que se pretenda dar às palavras;*

*5 – nos casos duvidosos, que não possam resolver-se segundo as bases estabelecidas, decidir-se-á em favor do devedor.*

Importante salientar que tal dispositivo não fora levado em conta pelas doutrinas da época, tão pouco pelos tribunais, sendo praticamente colocado em desuso pela não repetição do texto quando da emissão do Código Civil de 1916. A Constituição Federal de 1988, em seu art. 5º, inciso XXXII, modificou o rumo das interpretações dispensadas à defesa do consumidor, visto que instituiu a obrigatoriedade do Estado na defesa do consumidor.

Seguindo as orientações emanadas da Constituição Federal de 1988, o Código Civil de 2002 possui ao longo do seu corpo vários dispositivos a respeito da aplicabilidade e guarda do princípio da boa-fé.

O princípio da boa-fé também foi expressamente recepcionado no CDC em seu art. 4º, que traz:

> *Art. 4º A Política Nacional das Relações de Consumo tem por objetivo o atendimento das necessidades dos consumidores, o respeito à sua dignidade, saúde e segurança, a proteção de seus interesses econômicos, a melhoria da sua qualidade de vida, bem como a transparência e harmonia das relações de consumo, atendidos os seguintes princípios:*
> *(...)*
> *III – harmonização dos interesses dos participantes das relações de consumo e compatibilização da proteção do consumidor com a necessidade de desenvolvimento econômico e tecnológico, de modo a viabilizar os princípios nos quais se funda a ordem econômica (art. 170, da Constituição Federal), sempre com base na boa-fé e equilíbrio nas relações entre consumidores e fornecedores;*

Quando falamos em direito de liberdade, moradia, profissionalização, todos embasam o direito à dignidade.

Sendo assim, todos temos direitos:
**1.** Os fornecedores devem proporcionar condições dignas de trabalho, como carga horária, remuneração e benefícios, saúde e segurança, respeitando a legislação trabalhista aplicável.
**2.** A Empresa X não estabelece relação comercial com fornecedores que utilizem práticas irregulares e/ou ilegais de trabalho de crianças e adolescentes e os análogos ao escravo ou forçado.
**3.** Os fornecedores também deverão zelar pela seleção de seus parceiros comerciais, para que operem dentro da legislação trabalhista e dos padrões éticos compatíveis com as premissas aqui definidas.

**4.** Todos devem respeitar as diferenças entre gênero, origem, etnia e crença.

A boa-fé foi consagrada pelo Código de Defesa do Consumidor como um dos princípios fundamentais da relação de consumo, bem como cláusula geral para controle das cláusulas abusivas, conforme dispõe em seu art. 51, IV, que diz:

> *Art. 51. São nulas de pleno direito, entre outras, as cláusulas contratuais relativas ao fornecimento de produtos e serviços que: (...) IV – estabeleçam obrigações consideradas iníquas, abusivas, que coloquem o consumidor em desvantagem exagerada, ou sejam incompatíveis com a boa-fé ou a equidade;*

Analisando o tema, Adalberto Pasqualotto (2001, p. 21) apresenta a seguinte tese:

> *A boa-fé permite que o contrato converta-se numa "ordem de cooperação", em que credor e devedor não ocupam mais posições antagônicas, dialéticas e polêmicas. A contraposição de interesses é superada pela convenção, que concerta e harmoniza os objetivos comuns das partes em torno do objeto do negócio. A partir do acordo de vontades, o cumprimento da obrigação de um representará a satisfação do crédito do outro. Por isso o vínculo jurídico que une os contraentes apresenta uma exigência inerente de ética e lealdade, para que não ocorra a frustração das expectativas.*

A boa-fé objetiva é uma espécie de pré-condição abstrata de uma relação ideal, segundo Rizzatto Nunes (2000, p. 108), ela pode ser definida:

> *(...) como sendo uma regra de conduta, isto é, o dever das partes de agir conforme certos parâmetros de honestidade e lealdade, a fim de estabelecer o equilíbrio nas relações de consumo. Não o equilíbrio econômico, como pretendem alguns, mas o equilíbrio das posições contratuais, uma vez que, dentro do complexo de direitos e deveres das partes, em matéria de consumo, como regra, há um desequilíbrio de forças.*

Judith Martins Costa (2002, p. 34), em sua obra *Diretrizes Teóricas do Novo Código Civil Brasileiro*, destaca que no Brasil, mesmo tendo sido incorporado ao direito legislado em 1990, através da edição do Código de Defesa do Consumidor, há quinze anos os tribunais brasileiros vêm utilizando o princípio da boa-fé objetiva como fonte de específicos deveres de conduta e como limite ao exercício de direitos.

A distinção entre boa-fé objetiva e boa-fé subjetiva, segundo Judith Martins Costa, é:

> *Boa-fé subjetiva denota "estado de consciência", ou convencimento individual de obrar (a parte) em conformidade ao direito (sendo) aplicável, em regra, ao campo dos direitos reais, especialmente em matéria possessória. Diz-se "subjetiva" justamente porque, para a sua aplicação, deve o intérprete considerar a intenção do sujeito da relação jurídica, o seu estado psicológico ou íntima convicção. Antitética à boa-fé subjetiva está a má-fé, também. Já por "boa-fé objetiva" se quer significar – segundo a conotação que adveio da interpretação conferida ao § 242 do Código Civil alemão, de larga força expansionista em outros ordenamentos, e, bem assim, daquela que lhe é atribuída nos países da common law – modelo de conduta social, arquétipo ou standard jurídico, segundo o qual "cada pessoa deve ajustar a*

*própria conduta a esse arquétipo, obrando como obraria um homem reto: com honestidade, lealdade, probidade". Por este modelo objetivo de conduta levam-se em consideração os fatores concretos do caso, tais como o* status *pessoal e cultural dos envolvidos, não se admitindo uma aplicação mecânica do standard, de tipo meramente subjuntivo.*

Assim, observa-se que é determinante a formação de um juízo de valor acerca da atitude em julgamento, verificando a intenção do agente quando do exercício de sua conduta.

É preciso controlar e observar. O fornecedor permitirá à Empresa X e/ou a quaisquer de seus representantes o acesso as instalações e a todos os registros que se façam relevantes e que estejam associados aos produtos e serviços a ela fornecidos.

Desde a entrada em vigor do Código de Defesa do Consumidor a relação consumerista vem se adaptando, utilizando a valoração de comportamento dos litigantes para o julgamento das demandas em curso, Paulo Sanseverino entende que:

> *(...) múltiplas funções, desde a fase anterior a formação do vínculo, passando pela sua execução, até a fase posterior ao adimplemento da obrigação: interpretação das regras pactuadas (função interpretativa), criação de novas normas de conduta (função integrativa) e limitação dos direitos subjetivo (função de controle contra o abuso de direito). Além disso, sua função interpretativa, a boa-fé auxilia no processo de interpretação das cláusulas contratuais estipuladas no pacto.*

Segundo Claudia Lima Marques (2011, p. 214), em seu livro *Contratos no Código de Defesa do Consumidor*, o princípio adotado no direito consumeristas é exclusivamente o da boa-fé objetiva, visto que destaca sua nova interpretação e função. A boa fé objetiva constitui um modelo de conduta ou um padrão ético de comportamento, que impõe, concretamente, a todo cidadão que, na sua vida de relação, atue com honestidade, lealdade e probidade.

Importante salientar que a jurisprudência brasileira ao longo dos anos transformou o princípio da boa-fé objetiva em instrumento protetivo do consumidor. Sobre o tema, dispôs Gustavo Tepedino (2005, p. 33):

> *Era natural, portanto, que os tribunais brasileiros, desconhecedores dos contornos dogmáticos da noção de boa-fé objetiva, atribuíssem ao instituto finalidade e função que tecnicamente não eram suas, mas do código consumerista. Contribui para este fenômeno certa inexperiência do poder judiciário brasileiro em lidar com princípios e clausulas gerais, o que resultava em uma superinvocação da boa-fé objetiva como fundamento ético de legitimidade de qualquer decisão, por mais que se estivesse em campos onde sua aplicação era desnecessária ou até equivocada.*

Jurisprudência interessante firmada pelo Tribunal de Justiça do Rio Grande do Sul diz respeito à Apelação Cível nº 598225720, julgada pela 17ª. Câmara Cível em 1999, a qual decidiu acerca do comportamento de cliente correntista de banco que alegou inexistência de débito ao realizar sucessivos saques.

Asseverou o Relator Demétrio Xavier Lopes Neto, que tal expediente veio a ferir a boa-fé, quebrando-se, assim, o dever de lealdade do cliente em relação à instituição financeira. Vislumbra-se aqui um caso não muito frequente de se observar, onde o Poder Judiciário apreciou o princípio da boa-fé objetiva contra o consumidor.

Segundo Judith Martins Costa (2002, p. 35), tal decisão foi prolatada mediante a verificação da existência da função de "otimização" do comportamento contratual, decorrente do destaque que a função social do contrato vem ganhando atualmente.

Os artigos em sua íntegra, conforme abaixo informados, dispensam maiores explicações quanto à forma em que a boa-fé objetiva é aplicada em um litígio judicial. Extrai-se da simples leitura dos artigos que independe da demonstração da verdade real, apenas o indício da sua existência basta para que o fornecedor demonstre a inverdade do alegado e a sentença venha a condená-lo pelo fato que por muitas vezes sequer ocorreu.

> *Art. 12. O fabricante, o produtor, o construtor, nacional ou estrangeiro, e o importador respondem, independentemente da existência de culpa, pela reparação dos danos causados aos consumidores por defeitos decorrentes de projeto, fabricação, construção, montagem, fórmulas, manipulação, apresentação ou acondicionamento de seus produtos, bem como por informações insuficientes ou inadequadas sobre sua utilização e riscos.*
>
> *Art. 18. Os fornecedores de produtos de consumo duráveis ou não duráveis respondem solidariamente pelos vícios de qualidade ou quantidade que os tornem impróprios ou inadequados ao consumo a que se destinam ou lhes diminuam o valor, assim como por aqueles decorrentes da disparidade, com a indicações constantes do recipiente, da embalagem, rotulagem ou mensagem publicitária, respeitadas as variações decorrentes de sua natureza, podendo o consumidor exigir a substituição das partes viciadas.*

Por fim, os Fornecedores da Empresa X devem executar as medidas corretivas necessárias para sanar prontamente qualquer descumprimento identificado. A Empresa X reserva-se o direito de encerrar seu relacionamento comercial com qualquer Fornecedor que não estiver disposto, ou for incapaz de cumprir este Código.

**Referências**
BRANCO, Gerson Luiz Carlos. COSTA, Judith Martins. *Diretrizes Teóricas do Novo Código Civil Brasileiro*. São Paulo: Saraiva, 2002.

BRASIL. *Lei nº 10.406, de 10 de janeiro de 2002*. Código Civil Brasileiro. Brasília: Senado, 2002.

BRASIL. *Lei nº 8.078, de 11 de setembro de 1990*. Código de Proteção e Defesa do Consumidor. 11. ed. São Paulo: Saraiva, 2003. v. 19.

BRASIL. *Lei n° 5.869, de 11 de janeiro de 1973*. Código de Processo Civil. 9. ed. São Paulo: Saraiva, 2003.

BRASIL. Constituição da República Federativa do Brasil. Disponível em: <http://www.planalto.gov.br/ccivil_03/Constituicao/Constituicao.htm>. Acesso em: 24/set./2013.

COSTA, Judith Martins. *A Boa-Fé no Direito Privado*. 1. ed., 2ª tiragem. São Paulo: Revista dos Tribunais, 2000.

DANTAS JUNIOR, Aldemiro Rezende. *Teoria dos Atos Próprios no Principio da Boa-Fé*. São Paulo: Juruá Editora, 2007.

EICH, Ranieri. *Inversão do ônus da prova no CDC e no CPC*. Jus Navigandi, Teresina, ano 9, n. 427, 7 set. 2004 . Disponível em: <http://jus.com.br/artigos/5657>. Acesso em: 29 set. 2013.

FILOMENO, José Geraldo Brito. *Manual de direitos do consumidor*. 5. ed. São Paulo: Atlas, 2001.

GAMA, Hélio Zaghetto. *Curso de Direito do Consumidor*. Rio de Janeiro: Forense, 2002.

GRINOVER, Ada Pellegrini. *Código de Defesa do Consumidor*: comentado pelos autores do anteprojeto. 8. ed. Rio de Janeiro, 2004.

_____. et al. *Teoria geral do processo*. 12. ed. São Paulo: Malheiros, 1996.

ccMARQUES, Cláudia Lima. *Contratos no Código de Defesa do Consumidor*: o novo regime das relações contratuais. 2. ed. São Paulo: Revista dos Tribunais, 1992.

MARQUES, Claudia Lima. *Contratos no Código de Defesa do Consumidor.* O novo regime das relações contratuais. 6ª. ed., Editora Revista dos Tribunais, 2011

MORAES, Alexandre de. *Direito Constitucional.* 6. ed. São Paulo: Atlas, 1999

NUNES, Luiz Antônio Rizzatto. *Comentários ao Código de Defesa do Consumidor*: direito material (arts. 1º a 54). São Paulo: Saraiva, 2000.

NUNES, Luiz Antônio Rizzatto. *Curso de Direito do Consumidor:* com exercícios. São Paulo: Saraiva, 2004.

PASQUALOTTO, Adalberto. Cláusulas Abusivas em Contratos Habitacionais. In: *Revista de Direito do Consumidor do Instituto Brasileiro de Política e Direito do Consumidor.* São Paulo: Revista dos Tribunais, nº. 40, out.-dez. 2001

SANSEVERINO, Paulo de Tarso Vieira. *Responsabilidade Civil no Código do Consumidor e a Defesa do Fornecedor.* 3ª. ed., Saraiva, 2010.

SIDOU, J. M. Othon et al. *Dicionário Jurídico.* 5. ed. Rio de Janeiro: Forense, 1999.

CAPÍTULO 3

Política de Comunicação

Seguindo nossa linha de raciocínio, vejamos os procedimentos a serem adotados:
- Gestão da Comunicação.
- Gestão de Conteúdo.
- Comunicação Interna.
- Relação com a Imprensa.
- Comunicação Institucional.
- Comunicação com a Comunidade.

Como procedimentos gerais veremos a diferença entre comportamento da direção e comportamento gerencial, e por fim, comportamento da área de comunicação:

**1. Comportamento da direção**

Garantir a implantação, manutenção, ampliação e agilidade dos fluxos de comunicação entre a instituição, os colaboradores e a sociedade.

**2. Comportamento gerencial**

Os gestores, em seus mais diversos níveis, respondem pela qualidade e intensidade dos fluxos de comunicação na instituição, e devem, portanto, participar ativamente da Política de Comunicação Integrada.

**3. Comportamento da área de comunicação**

Atuar como coordenador/gestor da implementação e manutenção desta Política.

## ◀ GLOSSÁRIO

**Ações Promocionais**

Ações desenvolvidas com o objetivo de chamar a atenção sobre o que se quer comunicar (planos, produtos, projetos, programas, situações etc.). Nem sempre envolvem dispêndio financeiro.

*Clipping*

Atividade de coleta de textos e imagens em veículos de comunicação com o objetivo de monitorar temas de interesse da organização com potencial para afetar seus negócios e sua imagem institucional.

**Eventos Patrocinados**
Ação promocional, caracterizada pela participação em projetos criados por terceiros, ou produzidos por eles a pedido da organização, mediante aquisição de cotas de patrocínio, que podem ser parciais ou totais.
**Eventos Promovidos**
Ações promocionais de natureza interna ou externa, realizadas por iniciativa e recursos próprios.
**Canais de comunicação**
Todos os meios que podem ser utilizados para a comunicação da organização com seus públicos.
**Imagem Institucional**
É a imagem que as empresas transmitem e pela qual são reconhecidas pelas pessoas de forma inconsciente e emocional. Essas percepções dependem da forma e do conteúdo de suas ações de comunicação interna e externa.
**Reputação**
Opinião do público em relação a uma empresa. É importante ferramenta de controle da imagem corporativa.

Atualmente a comunicação é conhecida como um dos fatores mais importantes dentro de uma empresa, isso porque qualquer ação começa com comunicação. A falha em um processo de comunicação pode causar perdas financeiras além de mal-estar entre os funcionários de uma organização.

Num primeiro momento, a perda financeira parece ser o principal problema que um processo ineficaz de comunicação pode gerar, porém, quando se põe em risco o clima organizacional é muito difícil recuperá-lo.

A comunicação está diretamente ligada à cultura organizacional, os meios escolhidos para a disseminação das informações, de maneira geral, fazem parte de todo planejamento. É preciso que se leve sim em consideração a cultura, os valores, missão e objetivos das empresas, mas o mais importante é que a informação consiga contribuir para melhorias e para o alcance dos ideais da empresa, senão de nada adianta dizer que a empresa age conforme os fatores citados acima.

Não se pode dizer que exista uma coesão entre opiniões sobre o cenários das empresas brasileiras, portanto ainda é preciso estudar muito os elementos simbólicos e o que eles significam para as organizações no país; a cultura organizacional é um desses fatores simbólicos.

São eles elementos simbólicos que guiam as empresas, são eles que criam as esferas de poder e os processos empresariais e isso tudo depende da comunicação.

Praticamente todas as empresas possuem um departamento de comunicação e cabe aos profissionais desse departamento elaborar a política de comunicação, assim como atividades com indicadores mensuráveis que consigam medir a eficácia e eficiência da comunicação empresarial. De uma maneira simples, esses profissionais precisam fazer com que toda a empresa fale a mesma língua.

A comunicação ajuda a entender a cultura organizacional que é o que vai guiar a empresa no mundo dos negócios, por isso ter uma comunicação coesa se tornou essencial para o sucesso futuro.

A empresa só será um grupo humano na medida em que é percorrida pela informação. Mas as informações só podem circular se os elementos constitutivos da empresa formarem uma rede bem estruturada de comunicação.

Os problemas das estruturas e das comunicações encontram-se de tal maneira interligados que não é possível dissociá-los e devem ser objeto de estudo.

### ◀ A COMUNICAÇÃO NAS EMPRESAS EM UM MUNDO GLOBALIZADO

A comunicação é hoje uma das principais preocupações das empresas num mundo globalizado, pois todas elas hoje para terem sucesso devem trabalhar em equipe.

O líder tomou o lugar do chefe. E não há mais "ilhas", onde cada funcionário cuida apenas de determinadas tarefas, as empresas hoje trabalham com todos os seus departamentos interagindo entre si, trocando informações o tempo todo, ou seja, um sistema integrado.

Quando a comunicação é ineficaz, problemas acontecem. É o caso de uma grande indústria paulista, Jofel do Brasil Indústria e Comércio Ltda.

Seu departamento de marketing correu contra o tempo para preparar o lançamento de uma novidade na data determinada. Faltavam poucos dias quando se descobriu que estava tudo pronto, menos o produto. A área de marketing não havia sido avisada que componentes da embalagem do produto, importados, estavam retidos na alfândega.

A empresa teve de adiar o evento e as campanhas de divulgação.

Desperdiçou tempo, dinheiro e ainda sofreu arranhões em sua imagem junto a fornecedores e clientes.

A história é real e serve de exemplo de como a falha de comunicação é um problema grave. Se não for encarada de frente, pode impedir a empresa de atingir metas e até levá-la à falência.

**Formas de comunicação na empresa**

A comunicação é sempre um fenômeno tão essencial e imprescindível, frequentemente mal compreendido que se torna um problema ainda mais crucial à medida que as organizações aumentam de importância. O enfraquecimento na comunicação numa empresa é, provavelmente, indicativo da sua política pessoal, pois é através da comunicação que os subordinados ficam sabendo como tudo está estruturado na empresa, o que se espera deles, e o dirigente põe-se a observar sugestões, informações, queixas, comportamento do pessoal, etc.

**A comunicação como poder nas organizações**

A comunicação passou, nos últimos anos, a desempenhar um papel preponderante na vida das organizações. Tanto é verdade que vemos seu deslocamento de vias secundárias para o próprio *staff* das empresas, que passam a tê-la mais perto de si, prova da assunção de sua importância estratégica. O poder, assim, serve-se das vias de comunicação para criar maiores vínculos com o público interno da organização, de modo a influenciar favoravelmente a formação da opinião pública, valorizando a participação do público nos processos decisórios.

Mais uma vez a sintonia entre o poder e as lideranças é fundamental no sentido de efetivar positivamente o processo de formação da opinião, do fluxo de duas etapas, em que os líderes ou formadores de opinião influenciam a forma de absorção das informações dos grupos sobre os quais têm influência. Cabe à comunicação, instrumento de aproximação do poder da organização de sua base e também de acompanhamento da realidade cultural da empresa, mediar os processos dentro da organização.

A comunicação organizacional ou empresarial, assim, tem por fim ser o elemento de equilíbrio e transformação nos processos sociais internos das organizações. Trabalhando os diversos públicos, prioritariamente interno e externo, a comunicação deve possibilitar à organização o equilíbrio nas relações do público interno de modo a repercutir nas relações com o público externo, consumidor da imagem da organização, a qual é o reflexo do ambiente organizacional.

No Brasil, a partir de experiências de algumas organizações, programas de portas abertas à comunicação passaram a desempenhar um papel muito mais expressivo no tocante à política de transmissão de informações, fazendo com que estas passem a operar sistematicamente em favor das corporações.

**A eficácia das comunicações**
Torna-se necessário melhorar a comunicação e torná-la eficaz para que haja cooperação e coordenação, sempre imprescindíveis ao incremento da produtividade nas empresas.

Os problemas de comunicação numa organização não podem ser separados de outros problemas como compensação, condições de trabalho, qualidade de supervisão, estrutura organizacional e métodos de trabalho.

Torna-se, pois, indispensável a elaboração de uma estratégia de comunicação eficiente que leve em conta as variáveis internas e externas da empresa.

Para que realizem as reformas que se afiguram úteis, é preciso fazer um diagnóstico prévio dos sistemas de comunicação.

Procura-se confrontar o sistema de comunicação que a direção da empresa crê manter com as comunicações tal qual se dão na realidade e situá-las, umas e outras, por analogia a um modelo ideal que se poderá estabelecer sem ter em conta a história da empresa e as pessoas que a ela estão ligadas.

Torna-se, muitas vezes, indispensável uma modificação das estruturas organizacionais. O arranjo das estruturas verticais quer descendentes, quer ascendentes, consistirá principalmente em simplificar as redes inutilmente complexas; em fazer com que, nas obrigatoriamente complexas, cada um possua um perfeito conhecimento e uma boa compreensão do sistema de conjunto e das razões que fazem com que ele seja mantido.

Convém que o emissor e o receptor tenham um mesmo interesse pelo conteúdo da mensagem, a capacidade de emitir no emissor e a receptividade sejam ótimas e impliquem uma disponibilidade mental satisfatória por parte do receptor.

Para que possa ocorrer uma perfeita integração dos trabalhadores em qualquer empresa, torna-se absolutamente necessário que deixem de ser simples receptores e se tornem também emissores. Só assim se poderá afirmar que existe uma comunicação válida e eficaz.

A comunicação ascendente é, muitas vezes, difícil de realizar, é sempre indispensável ao bom andamento da empresa.

**Canais de comunicação na empresa**

A comunicação na empresa tem por fim encaminhar as informações, quer dizer, transmitir o pensamento. Os suportes desse pensamento, os seus modos de expressão acontecem por meio de linguagem. A informação oral é mais viva e também mais humana, a informação escrita, por sua vez, apresenta a vantagem de deixar um traço. A palavra é a forma de comunicação mais rápida e, por isso, a mais utilizada na indústria, como na vida corrente.

Segundo Silva (1983, p. 102-119), há vários canais através dos quais a comunicação pode ocorrer:

- canais descendentes;
- canais descendentes – orais e visuais;
- discurso anual;
- reuniões;
- entrevistas;
- relação direta;
- rádios;
- alto-falantes;
- telefones;
- semáforos;
- indicadores por números;
- informação anual;
- jornal da empresa;
- cartas diretas ao pessoal;
- manual de recepção;
- circulares, panfletos;
- boletins murais.

**Intranet como meio de comunicação?**

Dentro de uma empresa todos os departamentos possuem alguma informação que pode ser trocada com os demais departamentos, ou então cada departamento pode ter uma forma de comunicação direta com os colaboradores. Acredito que com alguns exemplos, possa ficar mais claro. Então, vejamos alguns exemplos de uso de uma Intranet:

– Departamento de Tecnologia disponibiliza aos colaboradores um sistema de abertura de Chamado Técnico.

– Departamento de Marketing divulga informações sobre as promoções da empresa, uso da marca etc.

– Departamento de Pessoal disponibiliza formulários de alteração de endereço, alteração de vale-transporte etc.

– Departamento de RH anuncia vagas internas disponíveis.

– Departamento Financeiro disponibiliza um sistema para os demais departamentos informarem despesas etc.

Esses são apenas alguns exemplos de uso de uma Intranet. Cada responsável por departamento deve saber o que publicar para os demais colaboradores.

A Intranet é o veículo de comunicação inicial para melhorar a comunicação dentro de uma empresa. Melhorando essa comunicação ela poderá ser expandida para fornecedores, criando uma Extranet.

Uma Extranet garante a comunicação entre a empresa e o "mundo exterior".

Esta comunicação segura acontece em tempo real, e pode contar com tipos de acesso diferenciados como, por exemplo, para: fornecedores, funcionários, ou vendedores (que passam a maior parte do tempo fora da empresa). Estas informações são interligadas aos sistemas internos da empresa (ERP, CRM etc.), para garantir que todas estejam sempre atualizadas.

## ◀ FERRAMENTAS DE COMUNICAÇÃO PARA AJUDAR A MOTIVAR EQUIPES

A comunicação pode ser definida como o processo pelo qual a informação é trocada e entendida por duas ou mais pessoas, normalmente com o intuito de motivar ou influenciar o comportamento.

A comunicação eficiente é fundamental para o sucesso da organização, é um fator humanizador das relações de trabalho e consolida a identidade da organização junto ao seu público.

A comunicação interna deve permitir que os membros da organização consigam se comunicar entre si. Hoje, com o avanço da tecnologia, os meios de comunicação na empresa são inúmeros: e-mail, telefone, rádio, Bip, circular etc.

É necessária uma atenção especial com os meios de comunicação, pois um recado mal interpretado poderá causar distorções, resultando em grandes perdas tanto pessoais como organizacionais. Para isso, muitas empresas usam o método de "recebido" nas circulares, para que a pessoa, ao receber a mensagem, esteja ciente de sua obrigação e conhecimento do assunto, assumindo total responsabilidade pela mensagem.

**A qualidade da comunicação interna**

Para que a comunicação interna atinja seus objetivos, é necessário que seja transparente e tenha credibilidade. Se um receptor compreende adequadamente a mensagem do originador, mas, em seguida, se comporta contrariamente às intenções do originador, foi eficaz a tentativa do originador em comunicar-se com o receptor, mas ineficaz a compreensão do receptor.

Comunicação é diferente de informação, neste caso houve informação, mas não comunicação. A boa qualidade da comunicação interna também requer veículos e instrumentos adequados.

Por mais que haja canais de comunicação entre a organização e o público interno e por melhor que sejam seus conteúdos, formatos e frequência, o impacto e eficiência ficarão limitados se os empregados não ajudarem a fazer com que as informações e conhecimentos circulem. Da alta diretoria aos operários da fábrica, todos devem ser responsáveis pela comunicação.

**Habilidades e competências comunicativas**

Para se lidar com o processo total da comunicação, no entanto, precisamos modificar esse modo tradicional de encarar as habilidades comunicativas.

O treinamento em habilitação, em si, constitui apenas uma parte daquilo que é necessário para melhorar as aptidões para comunicação de uma pessoa.

Aquilo que um indivíduo comunica não pode ser em qualquer grau. As aptidões precisam também ser desenvolvidas e treinadas. Esse treinamento é indispensável para os profissionais da área de venda que, muitas vezes, perdem vendas por não saberem se comunicar com o cliente, ou por não terem comunicação eficiente na descrição do produto, não podendo assim transmitir ao seu cliente.

Até negócios podem ser desfeitos porque o vendedor não passa corretamente o prazo de entrega, ou o cliente compra o produto com defeito e não tem como reclamar porque o 0800, que seria um canal de comunicação, não funciona adequadamente.

Para isto é necessário que a empresa dê treinamento a todos os seus funcionários sobre comunicação para poderem atender bem aos clientes internos e externos.

Primeiramente, concluo que uma comunicação ineficaz dentro da empresa pode trazer sérios prejuízos para ela. A comunicação é imprescindível para qualquer organização social. O sistema organizacional se viabiliza graças ao sistema de comunicação nele existente, que permitirá sua realimentação e sua vital sobrevivência frente aos desafios e obstáculos cotidianos. Por isso é necessário tornar a comunicação eficaz, para que haja cooperação e coordenação, sempre imprescindíveis ao incremento da produtividade nas empresas.

Em seguida, as barreiras da comunicação sempre existirão. Nem sempre existe compreensão entre o emissor e o receptor, que devem tomar cuidado com os ruídos que podem acontecer na comunicação entre eles. Pois a comunicação é imprescindível para qualquer organização social.

O sistema organizacional se viabiliza graças ao sistema de comunicação nele existente, que permitirá sua realimentação e sua vital sobrevivência frente aos desafios e obstáculos cotidianos. As organizações constituem um sistema cujos elementos são interdependentes, formando um todo unitário.

Por fim, a dinâmica organizacional, que visa a coordenar recursos humanos e materiais para atingir objetivos definidos, processa-se por meio da interligação e do relacionamento dos membros e de seus sistemas constitutivos. Podemos perceber, desde então, a importância da interação e de uma eficaz comunicação que englobe todos os colaboradores e departamentos administrativos da organização, até a alta cúpula administrativa ou as diretorias eleitas.

Vale a pena acrescentar que não é pelo fato de existir uma comunicação interna formalizada que todos os problemas internos quanto ao fluxo de informações será resolvido. A comunicação interna torna possível a disseminação de informações de maneira eficaz, fortalecendo os propósitos e os objetivos finais das nossas organizações.

**Referências**
BUENO, Wilson da Costa. *Comunicação Empresarial*: teoria e pesquisa. Barueri: Manole, 2003.
CAHEN, Roger. *Tudo que Seus Gurus Não lhe Contaram Sobre Comunicação Empresarial*. 3ª. ed. São Paulo: Best Seller, 1990
CHIAVENATO, Idalberto. *Administração de Recursos Humanos: Fundamentos Básicos*. São Paulo: Atlas 1999
CHIAVENATO, Idalberto. *Recursos Humanos*. São Paulo:Atlas,1998
DAFT, Richard L. *Administração*.LTC,1999
DRUCKER, Peter. *Administração em Tempos de Grandes Mudanças*. São Paulo: Pioneira, 1999.
GIL, Antonio Carlos. *Gestão de pessoas*. São Paulo: Atlas, 2001
KUNSCH, Margarida. *Planejamento de Relações Públicas na Comunicação Integrada*. 4. ed. São Paulo: Summus, 2003.
REGO, Francisco Torquato. *Tratado de Comunicação Organizacional e Política*. São Paulo: Pioneira, 2002.
REGO, Gaudêncio Torquato. *Comunicação Empresarial. Comunicação Institucional*. Conceitos, estratégias, sistemas, estrutura, planejamento e técnicas. São Paulo: Summus , 1986.
SILVA, Carlos Alberto Lorga. *Problemas de Comunicação na Empresa*. Lisboa: Universidade Técnica Instituto Superior de Ciências Sociais e Políticas, 1983.
THAYER, Lee. *Princípios de Comunicação Administrativa*. São Paulo: Atlas, 1972.

CAPÍTULO 4

## Política de Gestão de Riscos

Inicialmente, a Política define um conjunto de princípios e diretrizes para a Gestão de Riscos Corporativos da Empresa X. Desta forma, tais diretrizes foram estabelecidas com o objetivo de assegurar que sejam formalmente gerenciados os potenciais impactos adversos que influenciam a execução dos objetivos da Empresa X.

O objetivo desta Política é estabelecer as diretrizes que regulamentam a Gestão baseada em Riscos, suficientes para propiciar à Empresa X capacidade de cumprir com a sua missão bem como seus objetivos estratégicos sem violar o perfil de risco do planejamento estratégico da empresa, tendo como pressupostos:

a) manter a estrutura apropriada de governança de risco;
b) estabelecer critérios e parâmetros para identificação, avaliação, monitoramento e controle dos riscos relevantes da entidade;
c) divulgar e conscientizar os funcionários quanto aos riscos relacionados a seus planos de benefícios;
d) disseminar a cultura de Gestão baseada em Riscos, especificando o perfil de risco adotado, introduzindo uma linguagem comum para o assunto "riscos" em todos os níveis da organização;
e) garantir que os processos e procedimentos relacionados ao Gerenciamento de Riscos da Empresa X atendam aos requerimentos regulatórios vigentes, bem como às melhores práticas internacionais.

O alcance dessa política é para todos os colaboradores da Empresa X.
Existe a necessidade de uma atualização constante para que não se perca no desuso de suas atribuições. A desatualização é um grande problema para as empresas familiares que por poucas vezes sentem a necessidade de agregar valores externos, sempre trazendo com seus membros a ideia de que sempre fizeram daquela forma e deu certo, deixando assim de atualizar seus conceitos, analisar o que os seus concorrentes estão fazendo para que seja estudado, e assim acontece também com a Política de

Gestão de Riscos Corporativos, que deve ser revisada sempre que se fizer necessário, não excedendo o período máximo de 12 (doze) meses.

A formulação de propostas de alteração desta Política é de competência do comitê de Gestão de Riscos e serão encaminhadas para aprovação da alçada competente pela gerência coordenadora do comitê.

Existem riscos em todas as áreas de trabalho, seja nas empresas, seja com os empregados, e precisamos saber como tratá-los.
**I. Evitar o risco:** não iniciando ou descontinuando a atividade que dá origem ao risco.
**II. Eliminar o risco:** removendo a respectiva fonte causadora.
**III. Reduzir o risco:** Implantando controles que diminuam a probabilidade de ocorrência do risco ou suas consequências.
**IV. Aceitar o risco:** assumindo o risco, por uma escolha consciente e justificada formalmente, podendo implementar sistemática de monitoramento.
**V. Compartilhar o risco:** com outras partes interessadas.
**VI. Aumentar o risco:** com vistas a aproveitar uma oportunidade.

Atenção também para saber lidar com os prazos dos riscos:
**I. Médio e longo prazo:** quando a avaliação realizada indicar risco estratégico, orçamentário ou de imagem classificado como risco baixo.
**II. Curto prazo:** quando a avaliação realizada indicar risco estratégico, orçamentário ou de imagem classificado como risco médio, ou, em caso de risco negativo, quando a continuidade ou repetição das vulnerabilidades tiver potencial para transformá-lo em risco médio
**III. Imediato:** quando a avaliação realizada indicar risco estratégico, orçamentário ou de imagem classificado como risco alto ou extremo, ou, em caso de risco negativo, quando a continuidade ou repetição das vulnerabilidades tiver potencial para transformá-lo em risco alto ou extremo.

E os níveis dos riscos, que são alguns pontos importantes como:
**1. Extremo:** Aqueles caracterizados por riscos associados à paralisação

de operações, atividades, projetos, programas ou processos da Empresa X, causando IMPACTOS IRREVERSÍVEIS nos objetivos relacionados ao atendimento de metas, padrões ou à capacidade de entrega de produtos/serviços às partes interessadas.

**2. Alto:** Aqueles caracterizados por riscos associados à interrupção de operações, atividades, projetos, programas ou processos da Empresa X, causando IMPACTOS DE REVERSÃO MUITO DIFÍCIL nos objetivos relacionados ao atendimento de metas, padrões ou à capacidade de entrega de produtos/serviços às partes interessadas.

**3. Médio:** Aqueles caracterizados por riscos associados à interrupção de operações ou atividades da Empresa X, de projetos, programas ou processos, causando IMPACTOS SIGNIFICATIVOS nos objetivos relacionados ao atendimento de metas, padrões ou à capacidade de entrega de produtos/serviços às partes interessadas, porém recuperáveis.

**4. Baixo:** Aqueles caracterizados por riscos associados à degradação de operações, atividades, projetos, programas ou processos da Empresa X, causando IMPACTOS PEQUENOS nos objetivos relacionados ao atendimento de metas, padrões ou à capacidade de entrega de produtos/serviços às partes interessadas.

**5. Muito Baixo:** Aqueles caracterizados por riscos associados à degradação de operações, atividades, projetos, programas ou processos da Empresa X, porém causando IMPACTOS MÍNIMOS nos objetivos relacionados ao atendimento de metas, padrões ou à capacidade de entrega de produtos/serviços às partes interessadas.

O ciclo de Gestão Baseada em Riscos corresponde à descrição das diversas atividades que são desenvolvidas para que o perfil de riscos seja gerado e comunicado para as diversas partes interessadas.

Trata-se da efetiva aplicação das ações de identificação, avaliação, mitigação, comunicação e monitoramento das diferentes categorias de riscos existentes nos processos da Empresa X, realizados periodicamente.

I. Identificação
II. Avaliação e Mensuração
III. Resposta
IV. Comunicação e Monitoramento

Por fim, esta política deve ser acompanhada pelos [departamentos e/ou pessoas responsáveis] da Empresa X, no que tange à aplicação dos procedimentos de acompanhamento e ao controle de suas diretrizes.

As exceções, eventuais violações e casos omissos à Política de Riscos Corporativos devem ser analisados individualmente.

OBJETIVO: Estabelecer diretrizes e responsabilidades relacionadas à identificação, análise e monitoramento dos riscos que possam afetar o plano estratégico da Empresa X, a fim de conduzir o apetite à tomada de risco no processo decisório, na busca do cumprimento de seus objetivos, e da criação, preservação e crescimento de valor.

APLICABILIDADE: Todos os macroprocessos e operações de negócio da Empresa X, sendo obrigatória a sua observância por todos os seus colaboradores.

Estabelecer diretrizes e responsabilidades na Gestão de Riscos da Empresa X, primordialmente, no que tange à identificação e análise dos riscos que possam afetar a empresa, e, estabelecendo controles e procedimentos de monitoramento para a efetiva criação, proteção e crescimento do valor da empresa.

TERMOS E DEFINIÇÕES: Os termos e definições a seguir são implantados na Empresa Magazine Luiza que tomamos como exemplo, vejamos:

Apetite a risco: quantidade e tipo de riscos que uma organização está preparada, disposta a assumir e gerenciar para atingir seus objetivos, de acordo com os limites estabelecidos pela alta administração.

Evento: ocorrência ou alteração em um conjunto específico de circunstâncias. Um evento pode consistir de uma ou mais ocorrências, e pode ter várias causas. Também pode consistir em não ocorrência de alguma coisa.

Gestão de Riscos: Atividades coordenadas e estruturadas que compõem um sistema integrado ao planejamento estratégico da empresa, a fim de conduzir o apetite à tomada de risco no processo decisório, na busca do cumprimento de seus objetivos, e da criação, preservação e crescimento de valor.

Riscos: fatores ou eventos incertos que podem causar impactos negativos, dificultando ou impossibilitando o cumprimento dos objetivos da empresa, bem como podem subsidiar o processo de tomada de decisão representando uma oportunidade.

Riscos de negócio e/ou estratégicos: são aqueles associados à estratégia da empresa na busca de criação, proteção e crescimento de valor. São causados por eventos de mudanças no ambiente externo como político, econômico e social, mercado, competidores, fusões e aquisições, disponibilidade, inovações, tecnologias e portfólio de produtos e/ou serviços; e também pela qualidade na gestão de eventos internos relativos às suas finanças (ambiente econômico, geração de caixa operacional, rentabilidade, endividamento, alavancagem, aplicação e captação de recursos financeiros), a compliance (cumprimento de leis e regulamentos e de políticas e normas internas), à imagem e reputação e às operações (cultura empresarial, e gestão de pessoas, de processos e de demais recursos).

Riscos operacionais: são aqueles decorrentes da inadequação ou falha na gestão de processos internos e pessoas, que possam dificultar ou impedir o alcance dos objetivos da empresa. Estes riscos estão associados tanto à operação do negócio como marketing, vendas, comercial, logística; como à gestão de áreas de suporte ao negócio tais como administrativas (contabilidade, controladoria, controles), suprimentos, saúde e segurança do trabalho, meio ambiente, tecnologia da informação, relações sindicais.

Riscos de conformidade: são os riscos de sanções legais ou regulatórias, de perda financeira ou de reputação que a empresa pode sofrer como resultado da falha no cumprimento da aplicação de leis, acordos, regulamentos, código de ética e conduta e das políticas e procedimentos internos. Incluem os riscos de fraudes em demonstrações financeiras e de desvios de ativos; corrupção e crimes cibernéticos.

Riscos prioritários: grupo de riscos com impacto potencialmente elevado para o negócio, cuja gestão deve ser priorizada e os seus indicadores devem ser monitorados regularmente.

*Key Risk Indicators (KRIs):* principais indicadores de riscos da Empresa X, sinalizam as causas das mudanças no nível de risco dos objetivos de negócio. E, se percebidos em tempo hábil, ajudam a empresa a agir preventivamente e reduzir perdas e/ou aproveitar novas oportunidades de criar, proteger e crescer seu valor. KRIs são componentes fundamentais de uma estrutura de controle e das boas práticas de gestão de risco.

*Key Performance Indicators (KRIs):* principais indicadores de performance da Empresa X, auxiliam no monitoramento do desempenho do negócio e das áreas funcionais de suporte, permitindo avaliar e implantar melhorias necessárias para se atingir os objetivos da empresa.

## ◀ DIRETRIZES DE GESTÃO DE RISCO

A gestão de riscos está inserida no compromisso da Empresa X com a criação e preservação de valor aos seus acionistas, fazendo parte do processo de tomada de decisão, contribuindo para a consecução de seus objetivos estatutários e estratégicos e para sua longevidade. A Empresa X identifica e trata os riscos de negócio e operacionais de forma a garantir o cumprimento das metas estabelecidas em seu planejamento estratégico. Anualmente, a alta administração define o perfil de riscos consolidado da empresa por meio dos direcionadores, metas estratégicas. Além disso, assegura a efetividade do sistema de controle de riscos. As atividades que podem apresentar riscos significativos ao negócio são monitoradas pelos princípios de Gestão de Risco abaixo definidos, que estão em linha com os fundamentos e políticas da Empresa X, de órgãos reguladores externos

e as melhores práticas de mercado:
- cultura de riscos integrada na organização;
- independência da função da área de gestão de riscos;
- foco total das áreas funcionais nos riscos oriundos de suas atividades para a adequada gestão e controle;
- metodologia que garante que a organização e sua governança conheçam seus riscos e os respectivos responsáveis por seu controle e gestão.

Os riscos são identificados e avaliados de acordo com a probabilidade de ocorrência e seu impacto sobre o negócio, inclusive, sobre a imagem e reputação da empresa. Cada decisão leva em consideração os benefícios, os aspectos negativos e os riscos atrelados, mensurando a relação entre impacto e mitigação.

Além dos processos regulares de identificação e avaliação de riscos, a empresa desenvolve um plano de contingência e de continuidade do negócio para completar os instrumentos de gestão essenciais que, juntamente com os demais instrumentos e princípios, constituem os componentes de gestão global de riscos da nossa empresa.

## ◀ OBJETIVOS DA GESTÃO DE RISCOS

O processo de gestão de riscos da Empresa X, utilizamos como exemplo a Magazine Luiza, foi definido com base nas orientações consolidadas no trabalho do COSO – Committee of Sponsoring Organizations of the Treadway Commission – e no processo de gestão de riscos sugerido pela norma ISO 31000:2009, com o intuito de:
- aumentar a probabilidade de atingir as metas estabelecidas pela empresa;
- melhorar a identificação de oportunidades e ameaças;
- atender às políticas, normas e requisitos legais e regulatórios, padronizando conceitos e práticas;
- melhorar o reporte das informações ao mercado, elevando a confiança das partes interessadas garantindo a transparência para todos os stakeholders, analistas de mercado e agências de crédito;
- garantir base confiável de dados para a tomada de decisão e planejamento, fornecendo um fluxo dinâmico e eficiente de informação;

– alocar e utilizar eficazmente os recursos, melhorando o ambiente de controles;

– melhorar a governança, assegurando que a Governança Corporativa da Empresa X seja seguida e criticamente analisada;

– prevenir ou minimizar perdas, envolvendo todos os agentes da estrutura em alguma etapa;

– melhorar a eficácia e eficiência operacional, aumentando a resiliência da organização.

## ◀ CLASSIFICAÇÃO DOS RISCOS

Os riscos são classificados como: riscos estratégicos, operacionais, de conformidade, e financeiros compostos como seguem:

i. Mercado – decorre da possibilidade de perdas que podem ser ocasionadas por mudanças no comportamento das taxas de juros, do câmbio, dos preços das ações e dos preços de commodities.

ii. Crédito – definido como a possibilidade de perda resultante da incerteza quanto ao recebimento de valores pactuados com tomadores de empréstimos, contrapartes de contratos ou emissões de títulos.

iii. Liquidez – possibilidade de perda decorrente da incapacidade de realizar uma transação em tempo razoável e sem perda significativa de valor ou a possibilidade de falta de recursos para honrar os compromissos assumidos em função do descasamento entre os ativos e passivos.

Para esses riscos a empresa observa as seguintes diretrizes, que são monitorados e controladas pelo COFIC:

– avalia e discute o planejamento financeiro e orçamentos junto aos responsáveis, para que sejam feitas, preventivamente, decisões e ações de gestão financeira que criem, protejam e cresçam o valor da empresa;

– nas decisões de investimentos e de captações de recursos, estabelece parâmetros de forma a assegurar que a Empresa X não efetue transações especulativas e com alto risco financeiro.

– define o nível de exposição de risco das aplicações financeiras, estabelecendo sempre o limite máximo de aplicação em títulos públicos dos fundos e em entidades privadas de mínimo risco de crédito.

– a fim de garantir a liquidez, define saldo mínimo e saldo médio de caixa.

– estabelece limites de exposição por instituição financeira e à exposição cambial.

### ◀ ESTRUTURA PARA GESTÃO DE RISCOS

O compromisso com a integridade, os valores éticos, bem como com a disseminação da cultura de gestão de riscos da empresa, é responsabilidade de todos os colaboradores. Todos são responsáveis também pela gestão de riscos, e podem contribuir para uma gestão eficaz. De acordo com a premissa acima, a estrutura de gestão de riscos da empresa considera a atuação conjunta dos órgãos de governança corporativa e de gestão, de acordo com o conceito das três linhas de defesa:

1ª Linha de Defesa: Refere-se à gestão operacional, representada pelas diretorias, gerências, e demais colaboradores que atuam nas operações da empresa. Reporta-se à Diretoria Executiva.

Juntamente com a Diretoria Executiva, é responsável por:
• identificar, avaliar, monitorar e mitigar os riscos (tratamento) de acordo com as diretrizes desta Política;
• implantar planos de ação e controles;
• comunicar/reportar, em tempo hábil, informações relevantes relacionadas à gestão de riscos.

2ª Linha de Defesa: Refere-se às áreas de controle da empresa, compreendendo as funções de Gestão de Riscos, Integridade (Compliance) e Controles Internos.

Reporta-se à Diretoria Executiva e também ao Conselho de Administração e seus Comitês de Assessoramento.

É responsável por:
• analisar, avaliar, e monitorar os riscos identificados pela gestão operacional;
• facilitar e monitorar a implantação das práticas de gestão de riscos pela gestão operacional (1ª linha de defesa) de acordo com o apetite a risco da empresa;
• comunicar/reportar, em tempo hábil, informações relevantes

relacionadas à gestão de riscos;
• auxiliar na identificação de riscos e no desenvolvimento de processos e controles.

3ª Linha de Defesa: Refere-se à atuação da Auditoria Interna na avaliação e supervisão da aderência e eficácia do processo de gerenciamento de riscos na empresa. Atua de forma independente e objetiva, se reportando ao Conselho de Administração e seus Comitês de Assessoramento.

### ◀ IDENTIFICAÇÃO DE RISCOS

Gera uma lista abrangente de riscos baseada nos eventos que possam criar, aumentar, evitar, reduzir, acelerar ou atrasar a realização dos objetivos.

### ◀ ANÁLISE E QUANTIFICAÇÃO DE RISCOS

Envolve a apreciação das causas e das fontes de risco, suas consequências positivas e negativas, e a probabilidade de que essas consequências possam ocorrer, o Anexo I apresenta as ferramentas utilizadas para a condução desse processo. A área de Gestão de Riscos deve sugerir os critérios que por sua vez serão analisados pelo CARC e aprovados pelo Conselho de Administração. Anualmente, a empresa deve promover validação ou atualização dos parâmetros.

Risco = Probabilidade x Impacto
• Analisar o impacto do risco em relação a:
(i) fatores críticos de sucesso da empresa;
(ii) valores da empresa; e
(iii) leis relevantes e ao Programa de Integridade.
• Quantificar a probabilidade de ocorrência do risco: usando a metodologia mais aderente a avaliação correta a cada macroprocesso.

Características dos Riscos por Quadrante
• I. ALTA SEVERIDADE ("RISCO ALTO") – Risco Inaceitável: representa ameaça potencial aos negócios da empresa. Demanda ação gerencial prioritária para eliminar o componente de risco ou ao menos reduzir sua severidade e/ou frequência.

• II. MÉDIA SEVERIDADE ("RISCO MÉDIO") – Risco Inesperado: com alto impacto e baixa frequência. Deve ser quantificado e monitorado regularmente para direcionar continuamente as estratégias de mitigação e/ou planos de contingência. O objetivo é estar preparado caso o evento venha a acontecer. Compreende também o risco inesperado ("cisne negro") de perdas esporádicas, refletindo eventos extremos, mas raros. Tratamento sujeito à viabilidade de contratação de seguros como resposta a estes riscos.

• III. MÉDIA SEVERIDADE ("RISCO MÉDIO") – Risco Provável: de menor criticidade devido ao menor nível de impacto no valor do negócio. Foco deve ser o de definir níveis aceitáveis de perda por eventos e limites de competência que evitem que o nível de impacto suba ao longo do tempo.

• IV. BAIXA SEVERIDADE ("RISCO BAIXO") – Risco aceitável: perdas de menor relevância, podendo o custo do impacto ser menor do que o custo de mitigá-los. Riscos de baixo impacto e frequência, não havendo necessidade de monitoramento contínuo.

O processo de avaliação dos riscos é aplicado inicialmente aos riscos inerentes, e posteriormente, a partir das medidas de tratamento e resposta aos riscos, é aplicado aos riscos residuais:

• Risco inerente: risco para o qual ainda não foram aplicadas ações de resposta/tratamento, para alterar a probabilidade de ocorrência e/ou impacto (mitigação);

• Risco residual: risco que permanece após aplicação de ações de resposta/tratamento por parte da administração.

## ◀ AVALIAÇÃO DE RISCOS

A finalidade da avaliação de riscos é auxiliar na tomada de decisões com base nos resultados da análise de riscos, sobre quais riscos necessitam de tratamento e a prioridade para a implantação do tratamento. Compara o nível de risco encontrado durante o processo de análise com os critérios de risco estabelecidos quando o contexto foi considerado. Concluída a etapa de avaliação quanto ao grau de exposição da empresa na busca de seus objetivos, tem-se o processo de tomada de decisão quanto ao tratamento de riscos, de acordo com as diretrizes de apetite a riscos determinadas pela alta administração da empresa.

Adicionalmente, é possível definir a escala de priorização de tratamento dos riscos, de acordo com as perdas associadas à materialização dos eventos de risco relacionadas à realização dos mais relevantes objetivos estratégicos e operacionais. Os riscos são reavaliados periodicamente, de acordo com seu grau de severidade.

### ◀ TRATAMENTO DE RISCOS

O tratamento de riscos é a tomada de decisões pela Diretoria Executiva com a supervisão do Conselho de Administração, e com base na matriz de avaliação de riscos residuais e dentro dos limites de apetite aos riscos. Envolve a seleção de uma ou mais opções para mitigar os riscos e a implantação dessas opções na realização dos seus objetivos. Uma vez implantado, o tratamento fornece novos controles ou modifica os existentes.

As alternativas para Tratamentos dos Riscos classificam-se da seguinte forma:

a) eliminar as atividades que geram o evento de risco;

b) diminuir a probabilidade de ocorrência e/ou a magnitude de impacto do evento de risco;

c) transferir ou compartilhar de parte do evento de risco; e

d) aceitar o evento de risco.

### ◀ MONITORAMENTO E ANÁLISE CRÍTICA

Devem ser processos contínuos e interativos que permeiam o processo de gestão de riscos e visam a fornecer, compartilhar ou obter informações, além de se envolver no diálogo com as partes interessadas e outros, com relação a gerenciar riscos. A análise crítica consiste na verificação, supervisão e observação crítica executada de forma contínua e documentada, a fim de identificar mudanças no nível de desempenho requerido ou esperado.

### ◀ APLICABILIDADE

Esta Política se aplica, irrestritamente, a todos os macroprocessos e operações de negócio da Empresa X, sendo obrigatória a sua observância por todos os colaboradores da Empresa X.

### ◀ VIGÊNCIA E APROVAÇÃO

Esta Política tem vigência a partir da data de sua aprovação e divulgação, podendo ser revisada sempre que necessário. Os casos omissos, exceções, bem como os ajustes na presente Política de Gestão de Riscos devem ser submetidos à avaliação da Diretoria Executiva, antes da aprovação do Conselho de Administração, que deverá ser validado pelo CARC.

### ◀ POLÍTICA DE CONSEQUÊNCIAS A VIOLAÇÕES

Em caso de violações a presente política, a Empresa X irá adotar medidas disciplinares, que podem ser desde uma advertência verbal até a demissão por justa causa, não excluindo, quando cabível, a adoção de medidas judiciais, por meio de processos civis e/ou criminais.

**Referências**

*Código de Ética e Conduta; Manual Anticorrupção; Manual de Integridade.*

BRASIL. *Lei nº 6.385, de 07 de dezembro de 1976,* que dispõe sobre o mercado de valores mobiliários e cria a Comissão de Valores Mobiliários.

BRASIL. *Lei nº 6.404, de 15 de dezembro de 1976,* que dispõe sobre as sociedades por ações. *Regulamento do Novo Mercado da B3.*

*Instrução Normativa CVM nº 586/2017,* que instituiu o Código Brasileiro de Governança Corporativa – Companhias Abertas.

CAPÍTULO 5

Política de Gestão dos Serviços Terceirizados

Inicialmente, a empresa precisa saber delegar alguns serviços e aplicar apenas os essenciais, principalmente para não tirar o foco do seu objetivo principal. A Empresa X utiliza-se da terceirização, onde algumas de suas atividades são repassadas a prestadores de serviços, com os quais estabelece uma relação de parceria, para que mantenha seu foco no seu segmento de atuação. Desta forma, optou por instituir a Política de Gestão dos Serviços Terceirizados com o objetivo principal de parametrizar a contratação e a gestão dos prestadores de serviços.

Esta Política de Gestão dos Serviços Terceirizados tem como objetivo estabelecer os critérios, responsabilidades, competências e orientar quanto aos procedimentos a serem adotados nos processos de contratação, gestão e avaliação do desempenho de empresas prestadoras de serviços, com segurança operacional e jurídica.

Existem por óbvio critérios a serem seguidos, assim como a decisão sobre terceirizar ou não precisa ser analisada.

A decisão de terceirizar deve ser precedida de análise de Risco, Custo, Oportunidade e Conveniência, dentre outros, considerando:
• importância e criticidade da atividade para os processos da empresa e as consequências de deixar de executá-la internamente;
• riscos de inadimplemento das obrigações legais;
• capacidade de reação em eventuais emergências pela empresa;
• custos de execução por terceiros, em relação ao custo de execução interna;
• Existência de prestadores de serviços capacitados;
• cumprimento das Políticas da empresa;
• As empresas prestadoras de serviços deverão ser legalmente constituídas e ter comprovada sua idoneidade e capacidade técnica e administrativo-trabalhista, para a assunção das responsabilidades contratuais.

• A formalização do contrato se dará mediante a assinatura dos representantes legais da contratante e contratada, com o respectivo reconhecimento de firma em cartório, em documento que contenha no mínimo:

I – denominação, sede e representantes da contratante;
II – denominação, sede e representantes da contratada;
III – objeto do contrato;
IV – obrigações e direitos;
V – vigência;
VI – honorários, forma de pagamento, índice de reajuste e periodicidade;
VII – cláusula anticorrupção;
VIII – foro para dirimir eventuais conflitos.

• Existindo algum grau de parentesco entre funcionários com a empresa contratada ou o prestador de serviços, ficará impedida a contratação do serviço.

• Fica vedada a terceirização de atividades com pessoas físicas ou firma individual, salvo quando tratar-se de profissional com alto grau de especialização técnica, inclusive consultores técnicos, por prazo determinado.

• É expressamente proibida a utilização, por parte do prestador de serviço/empresa contratada, de mão de obra de menores de idade no desempenho de serviços contratados.

• As empresas contratadas/prestadoras de serviços não poderão em nenhuma hipótese subcontratar a totalidade dos serviços.

E como toda empresa preza pela sua transparência de objetivos, há a importância de observar os ditames do Compliance Jurídico, devendo seguir alguns princípios:

• o empregados de prestadores de serviço não devem ter subordinação direta a empregados da empresa;

• a contratação deverá ser efetuada pelo serviço a ser executado, e não pela mão de obra, exceto no caso de mão de obra temporária;

• garantir que toda comunicação de execução do serviço ocorra por meio de prepostos;

• na execução do serviço não poderá haver pessoalidade (estabelecer a execução do serviço por um determinado empregado da contratada);

- manter a gestão estratégica nas atividades vinculadas ao negócio;
- garantir qualidade e produtividade por meio da especialização;
- garantir o cumprimento das obrigações legais e de responsabilidade social;
- as atividades terceirizadas não poderão constar no rol de atividades efetuadas por empregados da empresa no local de prestação de serviço;
- as atividades terceirizadas devem constar no objeto social da contratada.

Por fim, esta política deve ser acompanhada pelo [ÁREA RESPONSÁVEL] da Empresa X, no que tange à aplicação dos procedimentos de acompanhamento e ao controle de suas diretrizes.

As exceções, eventuais violações e casos omissos devem ser analisadas individualmente.

A terceirização do setor financeiro é adotada por muitas empresas que precisam ampliar o foco em atividades estratégicas, flexibilizar rotinas e reduzir custos. Esse serviço dá ao empreendimento a chave para otimizar as suas operações e ganhar competitividade, além de aumentar a qualidade dos serviços prestados pelos profissionais da área.

**Porém, você sabe quais são as melhores estratégias para alcançar mais resultados ao investir em um serviço de gestão financeira terceirizada?**
Contar com uma equipe alinhada com o perfil do negócio!

Um dos pontos-chave para contratar um serviço terceirizado é buscar uma empresa que esteja alinhada com o perfil do seu negócio. Toda companhia tem suas características próprias. E, nesse cenário, escolher uma que saiba lidar com as suas necessidades será fundamental para obter o máximo de retorno do investimento.

Ao investir em uma gestão financeira terceirizada, avalie quais são as prioridades da prestadora do serviço. Identifique, por meio de certificados de qualidade e principais clientes, quais são as metodologias e padrões de trabalho em que a companhia apresenta maior conhecimento.

Dessa forma, você poderá garantir que os profissionais conseguirão adaptar-se rapidamente ao seu ambiente de trabalho.

**Utilizar a tecnologia a seu favor**
A tecnologia pode ter um papel de destaque em muitos serviços. Na gestão financeira terceirizada, ela abre portas para que a companhia possa manter as suas políticas tributárias com qualidade e segurança. Assim, o negócio evita riscos e mantém as suas informações restritas aos ambientes corretos.

Diante do uso, cada vez mais comum, de documentos em meios digitais, algumas estratégias devem ser tomadas para evitar que a contratação de um time de profissionais terceirizados possa colocar as políticas de gestão de documentos em risco.

Políticas de controle de acesso e monitoramento de recursos são apenas duas escolhas que o negócio pode fazer para gerar mais qualidade e confiabilidade aos processos corporativos. Além disso, a empresa pode investir em certificados digitais e assinaturas digitais.

Essas soluções trazem mais confiabilidade para os documentos corporativos (como notas fiscais e contratos eletrônicos) e os sistemas de comunicação interna. Protegidas por algoritmos modernos de criptografia, elas conseguem evitar ataques e tornam mais simples a detecção de fraudes.

Dessa forma, a companhia garante que os seus serviços continuarão a ser executados sem vulnerabilidades.

**Manter atividades estratégicas internamente**
Quando o negócio contrata uma equipe de gestão financeira terceirizada, uma série de processos passará a ser de responsabilidade da empresa contratada e, para muitos gestores, isso representa um risco de segurança.

Se a companhia contar com informações ou atividades estratégicas que não podem ser conhecidas por terceiros, uma boa escolha é mantê-las restritas aos times internos.

Fazendo essa escolha, o negócio pode manter os profissionais internos focados nas atividades estratégicas, e os terceirizados, em processos financeiros secundários.

Como consequência, a empresa terá mais foco nas rotinas que estão diretamente ligadas às suas receitas e, assim, aumentará a sua competitividade.

**Ter um bom SLA**

O SLA (*Service Level Agreement,* ou Acordo de Nível de Serviço) é um documento que registra todas as normas, multas e metas de um serviço que é prestado por uma empresa. Justamente por isso, a sua formulação é um ponto-chave para garantir que a companhia terá um bom retorno do seu investimento na gestão financeira terceirizada.

Trabalhe para que o contrato de prestação de serviços seja claro e objetivo. Ele deve detalhar todas as metas de performance, multas por não cumprimento de demandas, prazos e outros fatores que influenciem na relação comercial.

Também é importante que ele tenha registrado a maneira e o intervalo de criação de relatórios de qualidade. Os relatórios precisam ser estruturados para que o gestor tenha uma visão abrangente sobre a qualidade dos serviços prestados e, assim, possa identificar se tudo está correndo conforme o esperado.

É importante que o Acordo de Nível de Serviço seja conhecido por todos. Elabore a sua estruturação ao lado do prestador de serviços, busque pontos em comum e faça reavaliações dos termos. Dessa forma, você garantirá que o SLA sempre corresponderá às necessidades do negócio.

Planejar inicialmente tudo o que será terceirizado (e como esses processos ocorrerão)

O planejamento é crucial para que o negócio possa fazer a contratação de um serviço. Na área financeira, a sua importância é ainda maior, uma vez que essa é uma área crítica para as empresas.

Antes de escolher a companhia que será contratada, faça uma avaliação completa sobre as atividades do setor. Identifique pontos que precisam de melhorias, as necessidades de cada time, gargalos operacionais e outros fatores que estejam impactando negativamente nos resultados da empresa. Também faça uma avaliação sobre quais são os processos que devem ser mantidos.

A partir desses dados, você conseguirá identificar quais são as melhores rotinas a serem terceirizadas. A empresa também conseguirá definir uma rotina de migração para a nova forma de trabalho com menos problemas, uma vez que o negócio terá um mapeamento completo sobre as suas rotinas.

Assim, o retorno sobre o investimento é obtido rapidamente, uma vez que erros e riscos são evitados facilmente.

A busca por uma companhia também será otimizada. Sabendo de que tipo de serviço precisa, quais são as melhores metodologias e os pontos fracos da área, a empresa pode buscar um serviço de gestão financeira que esteja totalmente alinhado com as suas necessidades. Assim, o impacto positivo das atividades será muito maior.

A gestão financeira terceirizada pode trazer vários benefícios para as empresas. Custos são reduzidos, o negócio passa a focar mais nas suas atividades estratégicas e, consequentemente, a companhia consegue alcançar mais performance em médio e longo prazo.

Os processos fiscais passam a ser executados com um maior alinhamento com os padrões do mercado. Além disso, a empresa pode criar uma estrutura organizacional mais inteligente para o setor, reduzindo o número de conflitos, agilizando rotinas e melhorando o trabalho dos membros do time. Dessa forma, toda a companhia terá serviços mais inteligentes e competitivos.

No universo corporativo há um consenso sobre a importância de uma gestão inteligente, capaz de analisar criteriosamente os recursos disponíveis, encontrar alternativas para promover a redução de despesas, otimizar os processos internos, conquistar mais flexibilidade e desenvolver ações para o aumento da produtividade.

Neste contexto, empresários e gestores acreditam que a terceirização de serviços possa ser uma estratégia interessante, principalmente para empresas que visa a priorizar o seu *core business,* direcionando investimentos e capital humano à sua atividade-fim. Por meio deste modelo de trabalho, é possível delegar as atividades secundárias a grupos especializados, que podem assegurar mais agilidade, qualidade e excelência em todas as etapas da operação.

A terceirização de serviços tem sido adotada por muitas empresas, exatamente por trazer uma série de benefícios ao negócio, criando novas possibilidades de crescimento e expansão, e ainda permitindo uma gestão mais enxuta. Para saber como contratar uma equipe de serviços terceirizados continue acompanhando.

**Quais os benefícios da terceirização de serviços para sua empresa?**

A terceirização de serviços pode propiciar diversos benefícios a empresa contratante, por meio de uma administração mais estratégica e menos operacional. Por isso é importante detalhar essas novas oportunidades, lembrando sempre de que todas estão de certa forma interligadas.

Veja agora os principais benefícios da terceirização:
**Adotar uma gestão estratégica, com foco no *core business***

Uma gestão com foco no *core business* da empresa pode alcançar melhores resultados, pois delega o operacional e direciona conhecimento, experiência, empenho e energia a uma administração estratégica.

Com a terceirização, as atividades secundárias passam a ser compartilhadas com os fornecedores, juntamente às responsabilidades por aquela operação e com as preocupações, padrões de qualidade e prazos a serem obedecidos.

Na verdade, empresários e gestores voltam a assumir o planejamento, a análise e o gerenciamento através de indicadores e monitoramento de performance, o que permite manter o foco naquilo que é verdadeiramente importante para a empresa.

**Contar com profissionais e equipes especializados**

E pensando em qualidade, outro benefício relacionado à terceirização de serviços é poder contar com profissionais e equipes especializados, devidamente capacitados, com experiência, *know-how* e conhecimentos técnicos específicos, capazes de realizar as atividades contratadas com mais precisão e propriedade.

É preciso ressaltar, ainda, que em determinadas situações, a terceirização pode ser considerada uma profissionalização das tarefas, em especial daquelas que exigem uma grande especialização, como as que são regidas por regulamentações legais, normas técnicas e legislações características.

E considerando a questão da capacitação da mão de obra, a terceirização ainda permite reduzir custos com treinamentos internos, uma vez que as atividades passam a ser realizadas pela empresa prestadora, através de seus próprios colaboradores, que mandatoriamente devem estar preparados e devidamente qualificados para desempenharem as funções contratadas e executar os serviços corretamente.

**Reduzir custos operacionais**

A legislação trabalhista brasileira contempla uma grande carga de encargos, recolhimentos, tributos e direitos que oneram muito a folha de pagamento, tanto durante o contrato de trabalho, como na rescisão. Os custos elevados obrigam as empresas a repensar possíveis contratações e, muitas vezes, inviabilizam o aumento do quadro de colaboradores, já que essas despesas costumam ter peso significativo no orçamento e no fluxo de caixa corporativo.

Por sua vez, as empresas prestadoras de serviço, por conta da própria especialização do negócio, conseguem manter estruturas mais otimizadas, oferecendo uma relação custo-benefício positiva às empresas contratantes. Assim, de modo geral, a terceirização colabora para o equilíbrio financeiro, pois envolve menos despesas, quando comparada às necessárias para a formação e capacitação de uma equipe interna, direcionada à realização destas atividades. Além disso, existe uma maior previsibilidade dos gastos mensais uma vez que os custos com faltas, férias, rescisões e décimo-terceiro estão provisionados nos pagamentos mensais a empresa prestadora de serviços.

### Otimizar o tempo de gestores e colaboradores

A terceirização de serviços também permite que equipes e gestores possam administrar melhor o tempo, de uma maneira mais produtiva, já que algumas atividades passam a ser realizadas pelas empresas prestadoras.

Desta forma, existe uma sensível redução da sobrecarga de trabalho, com uma divisão mais adequada de responsabilidades e com a profissionalização dos processos, o que impacta diretamente na produtividade e também nos índices de satisfação e motivação internas. Com a terceirização, a empresa pode gerenciar seu capital humano com mais inteligência, direcionando os profissionais a tarefas realmente importantes e estratégicas, como pesquisas de mercado, desenvolvimento de novos projetos e produtos, análises e levantamentos técnicos, que colaboram principalmente para a tomada de decisões corporativas.

Mas a gestão dos serviços terceirizados não pode ser negligenciada, pois também exige supervisão, acompanhamento de rotinas, indicadores de performance, além do compartilhamento de informações e objetivos para que não haja nenhum risco à empresa.

### Construir parcerias de trabalho

Um aspecto importante na contratação de serviços terceirizados é a possibilidade de construir verdadeiras parcerias de trabalho com as empresas prestadoras. Ou seja, a estratégia não deve ser apenas o repasse da atividade a um fornecedor, mas sim a implantação de uma relação "ganha-ganha", importante para a conquista de altos índices de produtividade.

Em muitas circunstâncias, o ideal é contratar uma empresa especializada tecnicamente, com boa capacidade financeira, que tenha bagagem, conhecimento e experiência no mercado e, assim, possa agregar valor, otimizar os processos e apoiar estrategicamente a gestão.

### Direcionar os investimentos ao *core business*

Ao contratar serviços terceirizados, a empresa pode direcionar seus investimentos a projetos e necessidades relacionadas ao seu *core business*, otimizando assim os recursos financeiros.

E isso é possível pois as empresas prestadoras também realizam investimentos constantes na aquisição de novas tecnologias e na qualificação de suas equipes, exatamente para reforçar a questão da especialização e para manter seu diferencial competitivo perante o mercado, oferecendo mais qualidade nos serviços.

Assim, a empresa contratante pode eliminar ou ao menos minimizar os gastos com infraestrutura, equipamentos e treinamentos, relacionados às atividades secundárias.

### Flexibilizar a operação e expandir o negócio

Analisando todos os benefícios mencionados, é possível perceber que a interligação entre as oportunidades estabelece condições que permitem a flexibilização da operação e também a expansão dos negócios. A empresa passa a contar com uma gestão focada no *core business*, com a redução de custos, com processos internos sendo realizados com mais qualidade, com seus recursos humanos direcionados de forma estratégica e, ainda, com parcerias produtivas.

Outro ponto importante é que as empresas prestadoras, sendo parceiras, também são capazes de sustentar o crescimento e a adequação da operação às necessidades do mercado sem que haja a necessidade de grandes investimentos ou tomada de empréstimos.

### Que tipos de serviços sua empresa pode contratar por terceirização?

Atualmente, vários serviços já são terceirizados. Entre os modelos mais tradicionais estão os de limpeza, recepção, segurança, manutenção predial e portaria. E com o avanço da tecnologia, novas soluções também já estão disponíveis, como por exemplo, a e-portaria, um serviço especializado, que garante o monitoramento de gerenciamento dos acessos, através de uma central à distância, que adota os mais eficientes e rigorosos procedimentos de controle.

Essa prestação de serviço oferece, ainda, mais algumas vantagens, como a redução nos custos mensais, e também favorece a eliminação de reclamações trabalhistas e de problemas com mão de obra.

Outra atividade importante e estratégica é a segurança patrimonial. Este serviço costuma ser terceirizado exatamente por exigir grande especialização e competência e também por ser regulamentado pela Polícia Federal de acordo com a Lei nº. 7.102/83, que contempla uma série de exigências burocráticas, incluindo reciclagem periódica dos vigilantes e controle rigoroso de armas e munições.

Devido à complexidade da operação e importância de cuidar do patrimônio da empresa, é essencial contar com serviços completos, incluindo equipes armadas ou desarmadas, tecnologias como a instalação de câmeras (CFTV), além de alarmes e segurança perimetral. Em muitos casos, para garantir a segurança do negócio, das instalações, dos estoques e dos colaboradores, é interessante investir em uma consultoria dedicada, capaz de analisar as particularidades da empresa, de projetar e instalar sistemas integrados de segurança, reduzindo a vulnerabilidade dos empreendimentos.

Várias outras atividades também já estão entre os serviços terceirizados, principalmente em empresas que buscam otimizar seus recursos humanos e financeiros, mas sem abrir mão de qualidade e especialização.

Dentre os mais requisitados estão: a contratação de empresas especializadas em processos de RH, como recrutamento e seleção, treinamento e aplicação de pesquisas de clima organizacional; de consultorias de TI, para desenvolvimento de softwares, sites e aplicativos, suporte aos usuários, manutenção de rede e também instalação de sistemas integrados de informação e gestão; de agências de marketing, para criação de estratégias de divulgação da marca, atração e fidelização de clientes; de empresas de contabilidade, para regularização de todos os pagamentos e recolhimentos, conforme legislação em vigor.

De qualquer maneira, a terceirização de serviços deve ser bem analisada e é fundamental que ela esteja alinhada às necessidades e expectativas do negócio, de modo a colaborar significativamente para os resultados da empresa.

### É melhor terceirizar ou contratar uma equipe interna?

A decisão de terceirizar serviços sempre envolve grandes dilemas de gestão em todas as empresas, pois interfere diretamente no modelo de trabalho adotado. Afinal, o que é mais interessante para o negócio? Abrir um processo de recrutamento e seleção, contratar, formar uma equipe interna, capacitar e administrar esses profissionais ou apostar na terceirização e buscar no mercado empresas especializadas?

Essa discussão engloba diversas atividades e, por isso, merece uma análise profunda dos prós e contras, antes de uma definição corporativa.

Conheça alguns pontos para alimentar essa análise.

### ◀ VANTAGENS DE TER UMA EQUIPE INTERNA

#### Proximidade e controle
Com uma equipe interna é possível ter mais controle e acompanhar etapas do processo de execução das tarefas. Além disso, os colaboradores vivenciam o dia a dia da empresa, o que permite um conhecimento amplo sobre a estratégia corporativa, os serviços prestados e posicionamento de mercado.

#### Engajamento e motivação
Em linhas gerais, equipes internas são mais engajadas aos objetivos da empresa. Além disso, a possibilidade de crescimento profissional e ascensão na carreira também impacta positivamente na motivação de todo o grupo.

**Sigilosidade e confidencialidade**
Aspectos como sigilosidade e confidencialidade das informações costumam estar mais preservados quando tratados por equipes internas.

**Vantagens da terceirização**
Agora veja os benefícios de trabalhar com a terceirização.

**Formação das equipes**
Com a terceirização, a formação das equipes acontece com mais agilidade, sendo possível eliminar a necessidade de processos seletivos e, ainda assim, contar com profissionais capacitados.

**Sem desfalques**
A equipe terceirizada jamais ficará desfalcada, pois a empresa prestadora deve substituir profissionais afastados por motivos médicos, licenciados ou em férias, de modo que as atividades continuem a ser realizadas com qualidade e dentro dos prazos estabelecidos.

**Flexibilidade**
A empresa contratante pode adequar a sua demanda pelos serviços de acordo com as peculiaridades e sazonalidades do negócio, ou ainda de acordo com o aquecimento do mercado.
Porém, é importante reforçar que cada empresa deve analisar suas possibilidades de terceirização, objetivos e demandas, e então, elaborar um bom planejamento estratégico, considerando todos os aspectos que envolvem os recursos humanos, financeiros e técnicos da gestão.
Contratar serviços terceirizados é uma alternativa que traz praticidade, versatilidade e adaptabilidade a qualquer operação, por isso deve estar entre as oportunidades para o negócio.

**Como contratar uma empresa de terceirização de serviços?**
Para contratar uma empresa de terceirização de serviço é essencial adotar alguns cuidados, para evitar riscos, problemas na execução das

atividades e até mesmo reclamações trabalhistas. Veja algumas dicas:

### Detalhar as necessidades internas
Para avaliar a contratação de uma empresa de terceirização de serviços é preciso, primeiramente, detalhar as necessidades do negócio e relacionar exatamente quais são as tarefas a serem terceirizadas, as responsabilidades, os padrões e as entregas. Somente com esse levantamento será possível buscar orçamentos e propostas realistas.

### Buscar informações no mercado
É essencial buscar informações sobre as empresas prestadoras com os sindicatos patronais e profissionais, Polícia Federal, órgãos de defesa do consumidor e entidades do setor. Essas informações podem auxiliar e orientar a decisão da contratação.

### Analisar a reputação e capacidade de atendimento
Antes de contratar uma empresa, é preciso verificar seu histórico e sua reputação. Neste caso, é importante avaliar se a prestadora tem uma estrutura adequada para atender às necessidades e demandas da operação, se profissionais e os responsáveis técnicos são realmente capacitados e também o *know-how* e a experiência no mercado. É interessante buscar referências e indicações com outros clientes.

Solicite sempre as certidões negativas da empresa e comprovantes de idoneidade financeira para garantir que a contratante está em dia com todas as suas obrigações fiscais e financeiras.

### Comparar orçamentos
O orçamento é um ponto fundamental na decisão de contratar o serviço terceirizado, mas não deve ser o único fator a ser avaliado. Considerar apenas o custo é um grande risco, pois pode ocasionar a contratação de empresas irregulares, que não recolhem todos os tributos e impostos legais, ou que não pagam corretamente os direitos trabalhistas aos seus colaboradores.

É fundamental exigir a planilha de custos abertas para entender a composição de preços e verificar se todas as obrigações legais estão sendo contempladas. Desconfie se os preços estão muito mais baixos que os concorrentes.

**Avaliar as propostas de serviço**

Além de comparar orçamentos, é preciso comparar as propostas de serviço, ou seja, é essencial analisar todas as variáveis que estão presentes no contrato oferecido. Neste sentido, é necessário considerar a disponibilidade de equipamentos e tecnologias, horários de trabalho, prazos, entregas, padrões de qualidade, indicadores de performance e também multas e penalidades previstas para situações de quebra de contrato ou de desobediência aos critérios da operação.

Após avaliar todos esses pontos, é preciso atenção para que o contrato de prestação seja bastante claro e contenha o detalhamento de todas as responsabilidades e regras a serem obedecidas, por ambas as partes.

Vale lembrar sempre de que o ideal é construir uma relação de parceria e não tratar o assunto apenas como uma compra e venda de serviços. Por isso, as cláusulas já devem considerar aumentos ou adequações nas demandas, e demais variáveis inerentes ao negócio.

Porém, depois de realizada a contratação, é preciso atentar para a gestão desta parceria, de maneira a assegurar uma relação saudável e produtiva. Para tanto, é importante que ambas as partes possuam plena consciência de seus deveres.

Para a empresa contratante é necessário cuidar de alguns elementos desta gestão, tais como:

**Comunicação interna**

A qualidade da comunicação é essencial para gestão de qualquer equipe. Assim, é preciso que seja transparente e efetiva através do compartilhamento de informações, da definição de prioridades e meta e a abertura para troca de ideias e sugestões de melhorias nos processos.

**Respeito e pertencimento**
O respeito pelos profissionais terceirizados deve ser uma prática comum dentro da empresa, eliminando qualquer possibilidade de discriminação. Além disso, é importante incentivar o senso de pertencimento, o comprometimento e o engajamento de todas as equipes, em prol dos mesmos objetivos. Neste sentido, as relações de parcerias são capazes de aumentar os índices de produtividade.

**Interfaces**
É adequado nomear um gestor para o papel de interface junto à empresa terceirizada e ao coordenador da equipe prestadora. Essa medida facilita a comunicação e o acompanhamento dos resultados, sem caracterizar subordinação.

**Expectativas realistas**
A empresa contratante não deve esperar que todos os problemas sejam resolvidos a partir da contratação de mão de obra terceirizada. É necessário compreender que a produtividade corporativa só é alcançada através de ações para otimização dos processos, redução de custos, capacitação dos profissionais e de uma gestão ativa e inteligente, que envolve a terceirização de serviços, mas também, o foco nos colaboradores e nas rotinas internas.

Assim, é fundamental manter expectativas realistas, adotando metas mais arrojadas, de acordo com a maturidade da operação.

**Quais as regras ao contratar mão de obra terceirizada?**
A atual legislação prevê que qualquer atividade que não represente a atividade-fim da empresa pode ser terceirizada e, por isso, deve ser encarada como uma ferramenta de gestão, que permite a delegação das atividades-meio para focar no *core business*. Qualquer exceção a essa regra é considerada ilegal, mesmo que a empresa prestadora esteja regularmente constituída.

Outro aspecto importante, em relação à contratação de mão de obra terceirizada está relacionado à proibição expressa de existência de pessoalidade e subordinação entre profissional terceirizado e o gestor na empresa contratante. Essa proibição se dá pois toda vez que a empresa contratante assume diretamente a administração dos empregados terceirizados, fica caracterizada uma hierarquia que evidencia o vínculo empregatício. Assim, é fundamental que a empresa terceirizada conte com coordenadores responsáveis pelas equipes de trabalho e também pelo contato com o tomador do serviço.

Cabe à empresa contratante fiscalizar os pagamentos e recolhimentos legais, efetuados pela terceirizada, pois caso não o faça, há o risco de não identificar desvios e acabar sendo conivente com irregularidades como sonegação de impostos ou fraudes sociais e trabalhistas. Neste caso, a contratante será denunciada como corresponsável nos processos movidos contra a terceirizada. Essa corresponsabilidade se torna solidária ou subsidiária, sendo que a primeira se refere à quitação de dívidas por sonegação previdenciária ou trabalhista e a segunda diz respeito à determinação para que a empresa contratante responda pelas obrigações trabalhistas quando elas não forem cumpridas pela empresa que presta o serviço. Por isso, é importante atrelar o pagamento da fatura mensal ao envio de documentos que comprovem os pagamentos de todas as obrigações previstas em contrato.

De qualquer forma, os transtornos são enormes e as despesas também. Por isso, a necessidade de estabelecer uma rotina de auditorias e checagens, de modo que não haja nenhum problema futuro.

Existem também algumas outras proibições previstas na legislação que rege a contratação de mão de obra terceirizada. As principais são:
1. não é permitida a compra ou aluguel de mão de obra terceirizada, através de empresas que ajam de forma fraudulenta;
2. um prestador de serviços não pode trabalhar somente para uma empresa, evidenciando assim a exclusividade;
3. o controle da jornada de trabalho dos empregados terceirizados não deve ser realizado pela empresa tomadora;
4. não é autorizada a contratação de pessoas jurídicas não especializadas;

5. uma empresa terceirizada não pode pagar salários e benefícios menores do que os oferecidos pela empresa contratante, para exatamente a mesma função não terceirizada;

6. a atividade-fim da contratante não deve ser a mesma da prestadora de serviços;

7. o cumprimento das normas de segurança e saúde do trabalho previstas na legislação continua sendo uma obrigação;

8. não é possível a existência de pessoalidade na prestação através da exigência de que o serviço seja realizado única e exclusivamente por um determinado profissional da terceirizada.

Assim sendo, é muito importante conhecer todos os detalhes da legislação que rege a terceirização de serviços no Brasil para adotar medidas e precauções para que este modelo de contrato cumpra as regulamentações e possa trazer todos os benefícios previstos para a empresa contratante.

Atualmente, está em trâmite o Projeto de Lei nº 4.330/2004, que propõe novas regras para terceirização no país, incluindo a possibilidade de contratação das atividades-fim. Deste modo, é importante acompanhar o processo de aprovação deste projeto, que ainda prevê outras alterações e então realizar os ajustes necessários ao contrato ou até mesmo modificar a estratégia de terceirização da empresa.

Os benefícios da terceirização de serviços têm contribuído de forma muito significativa para uma gestão mais enxuta, inteligente e com foco em produtividade, em diversas empresas, no mundo todo. Fatores como o tamanho e a complexidade da operação, o *core business*, os planos de expansão do negócio, a dificuldade e os custos para capacitar mão de obra, a flexibilidade exigida pelo mercado e os investimentos reduzidos, são apenas alguns exemplos de influências diretas na estratégia de terceirização.

Em um mundo globalizado, altamente conectado, onde a competitividade é imensa, as vantagens técnicas e econômicas proporcionadas pela terceirização de serviços são essenciais para a empresa se tornar um negócio sustentável, com verdadeiro potencial de crescimento.

CAPÍTULO 6

Política de Reembolso

A Política de Reembolso é uma importante política para dar credibilidade a empresa e fidelizar os clientes, demonstrando com clareza para seus fornecedores que a empresa está disposta a arcar com os custos de insatisfação dos que a cercam.

Essa política não pode de forma alguma ser negligenciada, devendo ser implantada para toda e qualquer empresa que siga os ditames do Compliance Jurídico e queira se destacar no mundo empresarial.

Independente do prazo que a Política de Reembolso venha a observar, duas considerações são aqui tratadas de extrema importância, são elas: deve a empresa ter essa política para garantir a credibilidade dos seus serviços obedecendo o Compliance e também não indicamos a Política de Reembolso sem prazo, pois deixar eterno o prazo complica futuramente a empresa.

Para fechar essa ideia inicial vamos as seguintes considerações. Deve-se sempre atender com presteza a Política de Reembolso com prazo certo e determinado e realizar o Reembolso de forma eficiente e eficaz, sem deixar prazo indefinido ou indeterminado.

O principal objetivo dessa política é estabelecer diretrizes e procedimentos para padronizar o processo e as regras de reembolso de despesas feitas em nome da Empresa X.

Essa política é feita para todos os colaboradores da Empresa X.

As diretrizes da empresa devem ser:

1. a empresa deverá priorizar a prática do reembolso de despesas através da prestação de contas, em detrimento do adiantamento de despesas, o qual somente deverá ser requisitado em casos de necessidade;

2. o controle eficaz das despesas deverá ser da responsabilidade de cada colaborador, cabendo ao [cargo da pessoa responsável] a responsabilidade pela aprovação da prestação de contas de despesas reembolsáveis pela empresa;

3. responsabilidades:

[DEPARTAMENTO 1]: Recepção e conferência dos reembolsos;
[DEPARTAMENTO 2]: Adiantamentos, compensações e monitoramento das prestações de contas;

Sobre os adiantamentos, entende-se que:
1. todo adiantamento de despesa deverá ser solicitado pelo colaborador e aprovado pelo gestor no prazo de 10 (dez) dias úteis antes da data prevista de utilização. O valor será depositado em conta-corrente.
Obs.: adiantamentos de despesas não podem ser depositados em conta salário.
2. o saldo de adiantamento não utilizado deve ser devolvido no prazo de 60 (sessenta) dias após o recebimento, através de depósito na conta bancária da Empresa X que o concedeu. O colaborador deve enviar o comprovante do depósito ao Departamento X para fins de identificação e baixa na sua conta-corrente;
3. o adiantamento não devolvido no prazo estabelecido poderá acarretar, a critério exclusivo da empresa, o desconto na folha de salário do respectivo colaborador. O desconto se dará de forma integral, e não parcial.

Deve-se realizar a prestação de contas para demonstrar sua transparência e ética dos seus serviços, não se podendo esconder tais informações:
1. o colaborador deverá prestar contas de suas despesas através de um relatório, devendo ser aprovado pelo gestor e encaminhado ao [DEPARTAMENTO RESPONSÁVEL];
2. o prazo para prestação de contas é de até 10 (dez) dias da data que ocorreu a despesa, ou o adiantamento, quando for o caso. Não serão reembolsadas despesas após decorrido este prazo;
3. o ressarcimento ocorrerá no prazo de 07 (sete) dias úteis após esclarecimento do colaborador;
4. em casos de cupons fiscais é obrigatório o envio do original e cópia.

**Quais os tipos de despesas:**

## 1. REEMBOLSÁVEIS

**I.** Despesas com refeição: São reembolsáveis as seguintes despesas de refeição:
a) refeições em viagens;
b) refeições de relacionamento;
c) refeições com clientes.

O valor limite de reembolsos de refeição é de R$ XX,00 (XXXX reais) mediante apresentação de NF com a descrição dos custos.

**II.** Despesas com transportes
a) Táxi

A Empresa X trabalha em parceria com algumas empresas de táxi e os profissionais devem fazer uso, preferencialmente, das empresas de táxi parceiras. Consulte a administração local de cada escritório para contatos e procedimentos relativos a Táxis.

Uso de táxi noturno – custo da Empresa X

Para a segurança de todos os profissionais, a Empresa X faculta o uso de táxis após as 22h (vinte e duas horas). Neste caso, use sempre as empresas parceiras e comunique [PESSOA RESPONSAVEL POR AUTORIZAR].

b) Quilometragem

Caso o profissional use o próprio veículo para atender a uma reunião do cliente ou prospecção, a Empresa X fará o reembolso de R$ X,XX (XXXXX reais) por quilômetro rodado mediante pré-aprovação da [PESSOA RESPONSAVEL].

A comprovação da quilometragem deverá ser feita pelo site: <https://maps.google.com.br>. O comprovante deverá ser impresso e entregue junto ao pedido de reembolso.

A Empresa X não se responsabilizará por danos ou multas ocorridas com o veículo durante sua utilização. Custos de pedágio e estacionamento também serão reembolsados por meio de comprovante da despesa.

c) Outros transportes

Caso o profissional precise de outros meios de transporte para fins de trabalho, ele poderá fazê-lo desde que seu superior esteja ciente.

Serão consideradas despesas de condução: ônibus, barcas, balsas, catamarãs etc. Estão dispensados de notas fiscais os reembolsos de passagens de ônibus.

Neste caso, o profissional deverá descrever o trajeto e os custos unitários de passagens utilizadas.

## I. TELEFONIA MÓVEL PESSOAL

Para os profissionais não elegíveis ao Plano Corporativo, a Empresa X fará reembolso de todos os minutos consumidos em função do trabalho.

Para isso, é necessário identificar, na conta telefônica, todas as ligações realizadas, somar os valores devidos e solicitar reembolso.

## II. NÃO REEMBOLSÁVEIS, ALGUNS EXEMPLOS:
– aquisição de objetos de uso pessoal (presentes, roupas e outros);
– despesas com cuidados estéticos e de uso e higiene pessoal (perfumes, aparelhos de barbear, cremes e outros);
– despesas com bebidas alcoólicas;
– multas de trânsito;
– lavagem de veículos
– reparos em veículos;
– despesas com lavanderia serão reembolsadas nos casos em que a estadia ultrapassa 15 dias de hospedagem. Mediante aprovação do
– gestor (por e-mail);
– recarga de Celular;
– recarga de Bilhete Único;
– compra de aparelhos eletrônicos (celular, tablet, notebook).

Idealizada para garantir segurança ao consumidor, a política de reembolso é o percurso que a sua empresa trilha para chegar até essa ação e mostrar ao seu cliente que se importa com ele.

Sendo, inclusive, uma exigência do Código de Defesa do Consumidor (CDC), a política de reembolso não deve ser vista como uma tarefa prejudicial à empresa, mas benéfica, pois é um verdadeiro atestado de respeito ao seu público.

Chega, até mesmo, a ser uma excelente oportunidade de fidelizar clientes, sabia? É isso que veremos. Acompanhe!

**Política de reembolso: como usar a seu favor e dos clientes**

Temos a tendência de achar que este tipo de burocracia só serve para tornar as empresas menos produtivas.

Mas, na verdade, além de uma garantia de que ambas as partes vão fazer um bom negócio, a política de reembolso pode, inclusive, auxiliar os comerciantes, no caso de reclamações indevidas e exigências excessivas de alguns clientes.

**Por que ter uma política de reembolso?**

Além da legitimidade do negócio e das vistas grossas que o CDC prega nas empresas, a política de reembolso pode ser pensada de maneira estratégica para ajudar no desenvolvimento de sua empresa.

Isso porque você cria um relacionamento com o cliente, procura entender a sua insatisfação e motivo para a solicitação de reembolso, abrindo janelas de oportunidades para entender seus pontos fracos e onde deve melhorar.

Ao ter a sua queixa atendida – prontamente e de maneira solícita –, você pode não apenas reter o cliente, mas fazer com que ele faça novas compras em sua loja, o que chamamos de fidelização, podendo até mesmo indicar a empresa por ter cumprido com a Política de Reembolso, garantindo satisfação e tranquilidade na negociação do cliente.

Principalmente, se você tem uma **boa política de troca e devolução em sua empresa**. Assim, é muito mais fácil dialogar e solucionar os problemas dos clientes.

**Dicas para montar a sua política de reembolso**
Como se trata de um modelo documental importante, que deve cercar de cuidados a empresa e também o consumidor, a política de reembolso deve ser redigida com o auxílio de uma assessoria jurídica especializada nessa área.

Isso não significa, entretanto, que você não possa contar com algumas dicas interessantes para criar uma política de reembolso que, em vez de dores de cabeça, vai trazer e fidelizar clientes.
1. Siga, à risca, o que está previsto no Código de Defesa do Consumidor.
2. Atente também aos prazos que constam no CDC e devem ser cumpridos, evitando multas e eventuais processos.
3. Não invente cláusulas que possam anular as condições do CDC e, tampouco, tirar os direitos do consumidor, algo previsto no art. 51, II.
4. Não se limite ao CDC e crie maneiras de melhorar a política de reembolso – como oferecendo outras soluções ao consumidor.
5. Lembre-se de criar uma política de reembolso original, e completamente direcionada às necessidades e realidade do seu negócio.
6. Notifique o consumidor a respeito de qualquer alteração ou mudança que fizer em sua política de reembolso.
7. Deixe os campos de troca e devolução e de reembolso visíveis. Afinal de contas, eles são instrumentos de fidelização, e não motivos de preocupação para a sua empresa.

E então, deu para entender não apenas a relevância da política de reembolso, mas como torná-la uma grande aliada do seu relacionamento com clientes?

**Promova melhorias no atendimento**
Por fim, vamos falar de um assunto paralelo, mas que afeta diretamente a sua política de reembolso: o atendimento ao cliente.

Como falamos, a política de reembolso de sua empresa é uma oportunidade valiosa para solucionar um problema do consumidor. E o seu atendimento deve ser pensado da mesma maneira, com foco em soluções ágeis.

Com transparência, solicitude e a intenção total em solucionar o que levou o consumidor até a sua loja – presencial ou *on-line* –, um atendimento diferenciado ajuda a produzir os melhores resultados. Mesmo que seja para um troca, uma devolução ou um solicitação de reembolso.

**Use esse revez a seu favor**
Mencionamos, inclusive, as condições diferenciadas a serem oferecidas ao consumidor, no lugar do reembolso.

Isso pode acontecer com descontos, vale-compras e todo tipo de vantagem que puder servir para fidelizar o seu cliente e deixá-lo satisfeito, mesmo diante de um contato motivado pelo interesse de reembolso.

**Isto é: reverta a expectativa!**
Seu cliente estava descontente e pediu um reembolso. Se ele se dirigir ao seu atendimento ao cliente e, além de ter o problema resolvido, ainda ganhar algum benefício que não esperava, isso só pode trazer mais satisfação e, de preferência, um boca a boca positivo!

Dessa maneira, você não precisa pensar na política de reembolso não como uma ferramenta obrigatória, mas na extensão de um nível de excelência primoroso no atendimento ao cliente.

**Mais vantagens sobre a política de reembolso**
Como você viu, a Política de Reembolso pode ser um grande diferencial entre empresas que obtêm sucesso com a clientela e aqueles que apresentam alguns contratempos no relacionamento com os clientes.

Isso porque essa estratégia é uma das principais ferramentas que ajudam a levar mais contentamento e comodidade para os consumidores e, como todos nós sabemos, tal característica é indispensável para aqueles que desejam ter êxito em seus negócios.

Mesmo assim, muitos empresários ainda relutam em desenvolver uma adequada Política de Reembolso e colocá-la em ação, achando que vão ter prejuízo.

Mas será que isso é mesmo verdade?
A boa impressão deixada aos clientes vale mais do que aquele valor estornado, seja numa loja física ou *on-line*. Ficou interessado no assunto?

Confira como a Política de Reembolso pode melhorar a vida de sua empresa!

Definição: O que é a Política de Reembolso?
A Política de Reembolso traduz-se nos parâmetros que uma determinada empresa segue para devolver para o cliente o valor de algum produto que ele tenha comprado.

As diretrizes variam de negócio para negócio: em alguns lugares, essa devolução é feita apenas se a mercadoria estiver com defeito; em outros, só é possível trocar por outro produto da companhia; e em outros, é possível fazer esse estorno do dinheiro em um dado período de tempo (por exemplo, até 07 ou 15 ou 30 dias após as compras).

É claro, algumas medidas são comuns a todas as empresas, uma vez que elas têm que seguir o Código de Defesa do Consumidor, que dita algumas regras que todas as empresas devem seguir.
Mas é preciso saber diferenciar a política de devolução da Política de Reembolso. Na primeira opção, se prevê a devolução em caso de defeito, arrependimento do comprador, ou caso o produto seja impróprio para consumo.

Já o reembolso acontece quando, ao devolver um produto, a loja não tenha um igual para repô-lo; quando o produto ou serviço é pago anteriormente e não é prestado, cancelamentos de contratos; ou em casos de arrependimento de compra em até sete dias.

Caso a empresa não siga esses aspectos, o cliente pode reclamar de sua postura no Procon, e também processá-la.

**Quais são as vantagens da ferramenta?**

Em primeiro lugar, é preciso deixar claro que algumas políticas de devolução e reembolso são obrigatórias para qualquer negócio. Ainda mais que a dor de cabeça causada por não seguir regras básicas da lei é grande em vista do que pode ser feito para evitá-la.

É importantíssimo lembrar que uma boa Política de Reembolso tornará o seu negócio cada vez mais atraente para novos clientes, e será um diferencial dentro de um mercado altamente competitivo.

Por isso, não se atenha apenas ao que o Código de Defesa do Consumidor diz, e crie uma Política de Reembolso personalizada para sua empresa!

**Boa reputação**

Um dos maiores benefícios de uma Política de Reembolso diferenciada é a imagem positiva que ela irá refletir na empresa!

Por exemplo, vamos supor que alguém tenha comprado um presente para sua filha com mais de um mês de antecedência. Ao entregar o presente, a menina logo percebe que aquele produto não lhe agrada. Mas já passou um mês da compra, logo, a empresa não é obrigada a fazer a devolução e, muito menos, o reembolso daquele produto. Mesmo assim, a família decide contatar o empreendimento para ver se consegue trocar o produto, ou receber o dinheiro de volta.

Caso isso aconteça, vale dizer que obviamente aquelas pessoas envolvidas ficaram felizes com o resultado, certo?

Essa percepção positiva do cliente é importantíssima, e pode gerar frutos como o marketing espontâneo e recomendações para outros clientes.

**Marketing positivo da marca**
Tomando de gancho o último item, nada mais lógico do que alguém contar a excelente experiência que teve com alguma empresa para amigos e familiares, não é verdade?

Uma boa Política de Reembolso expande, e muito, as chances do marketing espontâneo, chamado também de marketing orgânico, pois a empresa não precisou ter nenhum gasto ou fazer investimento para esse marketing.

É importante, ainda, explorar este tipo de relacionamento com o cliente, ainda mais em tempos em que a tecnologia domina nossa vida.

Quem nunca viu um post viral sobre o (ótimo ou péssimo) atendimento em algum lugar?

Explore a capacidade máxima de sua empresa de gerar o famoso marketing boca a boca.

**Fidelização de clientes**
Já dizia o ditado, o bom filho a casa torna, não é verdade?

A capacidade de um negócio de transformar uma situação ruim (como problemas com suas mercadorias) em algo bom, graças a Política de Reembolso eficaz, pode fidelizar muitos clientes!

Com a confiança gerada em seus serviços, eles estarão mais aptos a voltar àquele lugar que os atendeu bem, do que em outros que apenas deram dor de cabeça.

**Ampliação do Ticket Médio**
Uma boa saída para a empresa que não deseja devolver o valor do produto em qualquer situação que o cliente deseja, é criar um plano de créditos

ou pontos para esse tipo de situação. Dessa forma, a pessoa, ao invés de receber o dinheiro, poderá trocar os pontos do valor daquele produto por outras mercadorias do local.

Isso aumenta as chances de que a pessoa acabe gastando mais ainda na loja, ao optar por outro produto de maior custo ou adquirindo produtos extras!

Lembrando que essa situação pode não agradar a todos os clientes, a melhor política é a de devolução do valor no prazo estipulado e sem dificuldades para os clientes, a pior coisa que uma empresa que quer crescer no mercado é ter um cliente insatisfeito noticiando o acontecimento em suas redes sociais.

Ter um cliente satisfeito não necessariamente vai trazer retorno de curto prazo, mas a médio e longo garante a longevidade da empresa com seus prospectos.

**Melhor entendimento sobre quem são e como agem os seus clientes**
Por que os consumidores estão pedindo reembolso?
Isso se dá por algum erro que pode ser contornado pela empresa?
Talvez os produtos estejam chegando com defeito porque a embalagem deles não é feita com o devido cuidado, ou porque a descrição deles não condiz com a realidade.

Ao perceber os padrões de devolução do cliente, fica mais fácil entender como eles se comportam. A partir daí, o negócio poderá entender melhor quais são as preferências e gostos dos clientes e, assim, melhorar seus sistemas de logísticas e vendas, por exemplo.

**Que dicas usar para ter uma boa Política de Reembolso?**
Seguir apenas o Código de Defesa ao Consumidor não é o suficiente para se destacar no mercado, como já foi comentado. Mas uma Política de Reembolso que favoreça tanto o cliente quanto o negócio deve ser muito bem pensada, a fim de que a empresa não saia no prejuízo.

**Faça um bom planejamento**
Após analisar o Código de Defesa do Consumidor e saber quais são as

políticas básicas de reembolso, chegou a hora de pensar no seu diferencial. Em quais situações seu empreendimento poderá devolver o dinheiro gasto na compra?

Lembre-se, as vezes vale mais perder o dinheiro daquela compra do que o cliente!

**Estipule datas**
Definir qual será o espaço de tempo que o cliente tem para devolver ou trocar a mercadoria é extremamente importante.

Você, provavelmente, não gostaria de receber um retorno de mais de um ano atrás, não é verdade?

Então estipule claramente quais serão as datas para devolver aquele produto com defeito ou que não tenha agradado o cliente.

Além disso, estipule também as datas de retorno do produto ou do reembolso.

Ele será feito na hora? Dentro de alguns dias? Em caso de defeito da mercadoria, determine datas para a devolução do produto (consertado ou de um novo exemplar).

**Estude como será feito o reembolso**
O próximo passo é definir como será feito este processo de reembolso. A empresa será responsável e oferecerá logística reversa gratuitamente?

Quem decidirá se o reembolso realmente será feito?

Como esse valor será devolvido?

É importante pensar nestes aspectos junto às políticas de troca da empresa, já que, em várias situações, o cliente prefere um novo exemplar do mesmo produto, do que seu dinheiro de volta.

**Avalie como implementar as políticas**
Depois de decididas quais serão as diretrizes das políticas de reembol-

so e devolução, é preciso integrar as áreas da companhia sobre o tema.

Se possível, promova reuniões e treinamentos para deixar todos os profissionais a par de como lidar com a situação.

Certifique-se de que todos os colaboradores e gerentes, desde a parte financeira até o setor de comunicação, saibam como proceder nestes casos.

### Faça uma avaliação dos retornos

Esta dica vale especialmente para produtos que são devolvidos por estarem com defeito. É extremamente importante checar se aquela mercadoria, de fato, não funciona, ou se ela está apenas sendo usada indevidamente.

Por incrível que pareça, muitas vezes, o produto está em perfeito estado, mas sem baterias ou pilhas. Se este for o caso, o produto não precisa ser devolvido e a empresa não precisa arcar com este custo extra.

### Deixe clara para o cliente a sua Política de Reembolso

É preciso investir na comunicação com o cliente para evitar situações desagradáveis no futuro. Um consumidor que se sentir lesado pelo não reembolso de um dado produto pode ser uma pedra no sapato, mesmo quando o que ele quer foge da política da empresa.

Faça o elo de ligação entre a Política de Reembolso e o Setor de Comunicação, uma comunicação bem realizada e esclarecendo as dúvidas dos clientes garante uma satisfação maior e menos reembolsos.

Por isso, deixe sempre bem claro para a pessoa quais são as políticas de retorno de seu negócio, e não terá problemas com clientes pegos de surpresa!

### Como fazer a prevenção de reembolsos?

Claro que há algumas atitudes que o empreendimento pode adotar com o intuito de diminuir as chances de que um produto seja devolvido. Por exemplo, uma excelente dica para os e-commerces é manter a descrição exata e bastante detalhada da mercadoria oferecida, para que não haja confusões entre o negócio e o cliente.

Tenha fotos que mostrem, realmente, o que o consumidor pode esperar daquele produto, e, assim, as chances de lidar com retornos diminuirá consideravelmente.

Hoje em dia, é praticamente impossível pensar em uma empresa bem-sucedida sem uma Política de Reembolso ou apresentando um sistema ruim de devolução.

Pelo contrário, as regras para reembolsos se tornam cada vez mais importante na conquista de novos e de antigos clientes (fidelização), o que faz com que as empresas deem muita atenção à estratégia.

CAPÍTULO 7

*Política de viagens*

A política e os procedimentos contidos neste documento são aplicáveis a todos os empregados da Empresa X tanto para viagens nacionais como internacionais. Essas orientações servem para incentivar os funcionários a gerar despesas relacionadas às viagens de forma cuidadosa e pensada.

• Planeje, sempre que possível, pelo menos com 30 (trinta) dias de antecedência voos domésticos e 60 (sessenta) dias para viagens internacionais.

• Tente economizar sempre que possível. Por exemplo, providenciar acomodações perto do local do cliente ou pegar um táxi ao invés de alugar um carro.

• Mantenha registros precisos e obtenha uma nota fiscal para cada despesa (exceto taxi, que pode ser recibo).

É interessando ter o objetivo bem definido e estabelecer, assim como orientar os processos corretos e necessários para a realização de viagens corporativas de colaboradores, dirigentes e terceiros à serviço da Empresa X, compreendendo solicitação e aquisição de passagens, hotéis, eventos, locações, refeições, transporte e similares.

E as diretrizes a serem traçadas:

**Premissas Gerais de Solicitação de Viagens**
1. Estão incluídas nas Solicitações de Viagens as passagens aéreas, hospedagens, locação de veículos e adiantamentos.
2. As solicitações de viagens, incluindo todas as despesas aí previstas, devem ser realizadas com o mínimo de XX (xxxx) dias de antecedência.
3. A equipe responsável pelos processos de viagem só inicia o tratamento logístico após a solicitação ter sido aprovada. Qualquer exceção de antecedência ou falta de aprovação será analisada pontualmente, após aprovação do RESPONSÁVEL.

4. Nas viagens em que os custos forem cobrados do cliente, essas mesmas diretrizes devem ser respeitadas.

**Sendo a viagem de avião:**

1. Todos os funcionários são obrigados a usar classe econômica para viagens internacionais e domésticas.

2. A escolha da companhia aérea deve ocorrer, prioritariamente, com base na menor tarifa oferecida, e somente em seguida poderá considerar-se como critério a preferência do solicitante.

3. Caso o solicitante perca o voo por razões alheias à sua vontade, ele deverá arcar com a diferença de tarifa para viajar noutro voo, e comunicar imediatamente ao Setor RESPONSÁVEL, solicitando o devido reembolso posterior, mediante autorização

**Se a viagem for terrestre:**

1. As viagens terrestres são caracterizadas como tal a partir do deslocamento para locais além da cidade (e adjacências) onde o solicitante desenvolve normalmente suas atividades.

2. As viagens terrestres devem priorizar o uso de ônibus sempre que possível.

3. Nos casos em que o uso de ônibus for inviável, é permitido o uso de táxi, veículo próprio ou ainda o aluguel de veículo, desde que a opção esteja especificada e tenha sido devidamente autorizada.

4. Em caso de aluguel de veículo, a descrição do veículo e o valor do aluguel deverão ser informados ao Setor Financeiro, para que o autorize previamente.

**Quanto à hospedagem:**

1. A reserva é efetuada na menor tarifa, respeitando custo/benefício x localização do cliente/unidade.

2. A Empresa X ficará responsável por cobrir o valor da diária do hotel mais os reembolsos comprovados por nota fiscal pelo empregado.

3. Não é permitido o reembolso de multa ou despesas extras decorren-

tes do não cumprimento do horário da diária estipulada pelo hotel.

4. Os imprevistos que impeçam a entrada no hotel reservado devem ser comunicados formalmente a Empresa X.

**Alimentação também deve ser planejada:**

1. O café da manhã deve ser tomado no Hotel e, somente quando não for oferecido, poderá ser pago pelo funcionário e depois solicitar reembolso, mediante nota.

2. Durante a hospedagem, o consumo de itens do frigobar é limitado unicamente à água mineral, devendo os demais itens consumidos serem pagos pelo funcionário.

3. Os gastos com alimentação em viagens não poderão incluir refeições para terceiros ou ainda o consumo de bebidas alcoólicas.

**Quanto às Despesas elas podem ser:**
**Reembolsáveis:**

• Lavanderia (apenas o necessário e quando a duração da viagem for superior a X dias).

• Ligações relacionadas ao trabalho e uma ligação pessoal (de no máximo XX minutos), salvo se houver situações de emergência.

• Em caso de perda de bagagem por negligência da companhia aérea, a empresa vai reembolsar o funcionário, com R$ XXX,00 assim poderá comprar alguns artigos de necessidades básicas e roupas.

**Não reembolsáveis:**

• Despesas pessoais (higiene, por exemplo), viagens pessoais, filmes no hotel, entretenimentos pessoais, seguro viagem pessoal, e taxas de cartão de crédito.

• Perda ou roubo de dinheiro, cartões de crédito.

• Perda de bens pessoais como automóvel.

• As despesas médicas que não estão relacionados com o trabalho e infrações de trânsito.

• Taxas relacionadas ao uso, por exemplo de spas e salões de ginásticas.

• Entretenimento com clientes sem autorização prévia.

**Ao final deve ser realizada a prestação de contas de tudo que foi gasto, utilizado e não utilizado.**

1. Após o retorno da viagem, o colaborador deve, em até 5 (cinco) dias úteis, prestar contas ao Setor RESPONSÁVEL de todas as despesas tidas com alimentação, apresentando os devidos comprovantes de pagamento originais.

2. Em caso da detecção de anormalidade ou excesso de alguma despesa realizada, o Setor Financeiro deve solicitar esclarecimento dos gastos, o qual, por sua vez, deve apresentar justificativa plausível. Se a justificativa não for aprovada a empresa deve cobrar o ressarcimento dos valores indevidos.

Por fim, quando um empregado escolhe um meio de transporte diferente da forma habitual para aquela viagem, os custos adicionais serão de sua responsabilidade.

Estas diretrizes são destinadas a incentivar os trabalhadores a refletir de forma cuidadosa sobre as despesas relacionadas com viagens que devem ser limitadas, sempre que possível. As despesas não explicadas ou sem recibos não serão reembolsadas.

A Política de Viagens e Procedimentos estão sujeitos à alteração pela empresa.

Já parou para pensar que viagens corporativas são fatores determinantes para o sucesso da saúde financeira de um negócio?

Afinal de contas, por meio dessas viagens é que as instituições correm atrás de chances de estabelecer novos acordos comerciais e parcerias, além de permitir que seus funcionários participem de reuniões, treinamentos, feiras e outros eventos igualmente importantes do cotidiano executivo.

Mas como tudo tem seu preço, as viagens corporativas acabam representando uma das maiores despesas das organizações. Especialmente por isso, precisam contar com regras que facilitem procedimentos, diminuam custos e otimizem resultados. E é desse contexto que surge a necessidade de elaboração de uma política de viagens corporativas condizente com o perfil e as necessidades tanto da empresa como de seus colaboradores.

Descubra a seguir o que exatamente é uma política de viagens corporativas e qual é sua importância dentro da empresa!
E aproveite para aprender também a defini-la!
Pronto?

Então acompanhe:

**O que é uma política de viagens corporativas?**
A política de viagens corporativas é um documento que estabelece parâmetros aos deslocamentos (sejam eles nacionais ou internacionais) realizados pelos funcionários em nome da empresa. Nele deverão constar detalhes a respeito de quaisquer aspectos envolvidos na realização de uma viagem de negócios.

Essa política deve ser extremamente clara, para não deve deixar margem a ambiguidades ou confusões. E por mais que o ideal seja se manter concisa, deve, ao mesmo tempo, ser abrangente. Assim é viável prever o maior número possível de hipóteses relacionadas aos fluxos empregados na solicitação e na obtenção de autorização para a realização de uma viagem corporativa, desde uso de transporte aéreo e terrestre, passando por hospedagem e modalidades de serviços disponíveis a cada um dos funcionários até chegar a formas de pagamento e reembolso.

Por que essa política é tão importante?
Diminuir custos sem perder a qualidade dos serviços prestados aos funcionários viajantes: esse é um dos principais objetivos das empresas cujos colaboradores são submetidos a deslocamentos frequentes.

A política de viagens, quando bem estruturada e implementada, facilita a tomada de decisões e o trabalho do gestor, norteando suas ações para que a busca pelo melhor custo-benefício esteja à frente na realização de qualquer negociação.

Devendo estar sempre alinhada ao perfil e às necessidades da organização, uma das grandes vantagens de se adotar uma política de viagens corporativas está na padronização de procedimentos.

Só isso já garante, ao mesmo tempo, que o viajante tenha o máximo possível de conforto, segurança e bem-estar em seus deslocamentos, sem que a empresa sinta o baque em seus cofres, com despesas excessivamente onerosas.

Por valorizar sempre a busca pelas melhores condições, a aplicação da política de viagens estimula a realização do planejamento das viagens com antecedência, simultaneamente favorecendo a organização e criando uma margem de ação no caso de imprevistos. Isso sem contar que ainda facilita a obtenção de descontos e outros benefícios tanto à empresa quanto a seus funcionários.

Elaborar e incentivar a adoção de uma política de viagens corporativas permite aos viajantes tomarem conhecimento a respeito de seus direitos e deveres previamente, visto que o documento deixará claro quais tipos de serviços e comodidades estarão disponíveis a determinados cargos, quais são as regras para a obtenção de reembolsos, como funcionará a prestação de contas, dentre outros detalhes igualmente importantes.

**Como elaborá-la e o que exatamente ela deve conter?**
O primeiro aspecto relevante para se ter em mente durante a elaboração de uma política de viagens é que ela deve ser simples, porém completa, de modo a atender às necessidades da empresa e estar em consonância com suas peculiaridades, ao mesmo tempo em que corresponde aos anseios e às carências dos viajantes.

Especialmente nesse momento inicial, contar com a participação de várias áreas do negócio pode dar à construção do documento um caráter mais amplo, o que é bastante positivo.

Por mais que o nível de detalhamento da política de viagens possa variar de acordo com o perfil da empresa, a verdade é que quanto mais informações forem incluídas, maiores serão as possibilidade de prevenção de imprevistos, prejuízos e até estresse ao viajante e ao gestor de viagens.

Dentre outros aspectos, eis algumas das principais informações a serem contempladas na política de viagens corporativas.

### Diretrizes

Antes de qualquer outra coisa, é preciso indicar a quem se destina a aplicação da política de viagens, quais são os fluxos de solicitação e aprovação de uma viagem corporativa, além de quais são os pré-requisitos para sua realização. Esclarecer também, com a devida exatidão, quais são as respectivas definições para os termos empregados no documento pode evitar interpretações equivocadas e mal-estar entre os colaboradores.

### Objetivos

Os tipos de objetivo da política de viagens corporativas podem variar de acordo com as peculiaridades da instituição. De toda forma, é importante estabelecê-los com clareza e amplitude, pois eles nortearão todas as ações envolvidas na realização de quaisquer viagens. O bem-estar, a segurança e o conforto dos funcionários, a diminuição dos gastos com viagens e o consequente aumento dos *savings* (poupança) são alguns exemplos de objetivos a serem estipulados.

### Condições

Nesse tópico é onde, especificamente, a política de viagens estabelecerá as normas que orientarão a reserva, a compra e a utilização de serviços e produtos.

Em que classe viajarão determinados colaboradores e qual tipo de hospedagem estará à disposição de cada um?

Essas são apenas algumas das questões que devem ser previstas (em detalhes) pela política de viagens.

**Reembolsos**

Para evitar possíveis abusos e divergências, esclarecer previamente quais itens são reembolsáveis e quais não o são, além dos valores e pré-requisitos para a obtenção de adiantamentos é uma das funções da política de viagens.

Especificar detalhadamente que tipo de despesas o viajante pode realizar por conta da empresa e deixar claro se existe a necessidade de apresentação de comprovantes e relatórios é imprescindível para que a organização seja capaz de efetivamente controlar os gastos com viagens por meio da análise e da comparação de informações.

A realização de *benchmarking* (referência) pode ser útil para que a empresa obtenha inspiração de *cases* de sucesso no momento da elaboração de sua política de viagens corporativas.

Mas atenção: a política de viagens deve ser personalizada à realidade e às necessidades de cada corporação!

Assim, ouvir a opinião de seus colaboradores e analisar com profundidade as próprias características, incluindo metas e desafios, é a maneira mais eficiente de se elaborar uma política de viagens que permita fazer cada vez mais com cada vez menos. Garantir viagens seguras, tranquilas e proveitosas, sem deixar de lado os interesses da empresa: esse é o segredo.

Uma empresa midiática que deve cobrir um acidente que "acabou de ocorrer" precisará enviar repórteres com urgência até o local do acidente e não haverá possibilidade de esperar os costumeiros 10 dias exigidos pelas companhias aéreas.

Da mesma forma, a urgência de consertar um maquinário quebrado por uma empresa de produção não poderia aguardar esse mesmo prazo sob risco de comprometer toda a cadeia produtiva e perder recursos.

A Política deveria ser, portanto, muito mais flexível para estas empresas do que para aquelas que poderiam sim trabalhar com a previsibilidade e antecedência de suas viagens corporativas.

Por esse motivo, entender a própria realidade, situar-se sobre as viagens corporativas, mirar exemplos de boas Políticas que sirvam para sua empresa, fazendo *benchmarking*, são caminhos positivos para as empresas que pretendem gerir muito bem as viagens e estabelecer uma boa e eficiente política de viagens.

Vamos mostrar de forma um pouco mais resumida como fazer um *benchmarking*, e se inspirar para criar sua própria política.

Confira!

**Exemplo 1: Política com pouco detalhamento**

Nosso primeiro exemplo é uma política de viagens bastante objetiva, onde as mesmas regras servem para consultores, promotores, analistas, supervisores, coordenadores, gerentes e diretores. As viagens são aí separadas em "a trabalho", "para treinamento ou estudo" ou "de representação" e curtas, se inferiores a 15 dias, e longas, quando excedem esse período. A empresa sugere que "todo dia 25 de cada mês, o usuário deverá entrar no aplicativo definido e agendar os voos do 1º ao 30º dia do mês subsequente, a fim de conseguir cotação antecipada dos voos", sendo que todas as passagens serão emitidas na categoria classe econômica.

A empresa prevê reembolso total pelo uso de transporte coletivo, mas solicita uso criterioso de táxis. Ela prevê o reembolso do jantar e estabelece valores da diária para diferentes cargos, apenas em reais. Ela autoriza o uso de lavanderia para viagens de mais de três dias, desde que com uso moderado. Fora isso, também detalha suas definições para as passagens aéreas não utilizadas.

Esta é uma base interessante para empresas que possam se inspirar em Políticas mais abertas, e que não tenham muitas diferenciações nas regras conforme os diferentes cargos empenhados pelos funcionários na empresa.

**Exemplo 2: Política com detalhamento médio**

A Política adotada pela segunda empresa de nosso exemplo possui detalhamento médio e seus objetivos vão servir como base para os funcionários, distinguindo itens reembolsáveis e não reembolsáveis, assim como reforça o papel do empregado na hora de controlar e prestar custos de suas viagens, promovendo reservas com antecedência e aproveitando descontos e convênios.

A empresa reforça a checagem sobre a real necessidade da viagem e sua possibilidade de substituição por alternativas de comunicação com uso de tecnologia, como conferências, ou mesmo telefonemas.

A empresa apresenta um escopo, definições e considerações gerais, além de normas para uso de cartão corporativo, que deve ser a opção utilizada sempre que possível e estabelece, sobre as viagens aéreas, entre outros aspectos, a classe econômica como padrão para as viagens internacionais, com exceção "somente sem ônus para a empresa, ou quando aprovada pelo Presidente."

Este segundo exemplo ainda apresenta uma Política com diretrizes para a locação de veículos, hospedagem e dicas para obtenção de tarifas reduzidas como forma de otimizar custos das viagens aéreas.

A empresa lista quatorze itens não reembolsáveis, como o "custo com ligação particulares, e também itens reembolsáveis, como aqueles gastos com "transporte – avião, trem, ônibus e táxi" e "quilometragem, se eventualmente usado veículo próprio, estacionamento e pedágios; combustíveis se usado veículo da empresa".

Empresas que não precisem de muito detalhamento, mas precisem de definições razoáveis, podem se inspirar muito bem nessa segunda Política Corporativa, pois ela, embora concisa, possui elementos objetivos, mas um pouco mais aprofundados do que o exemplo anterior. Funciona bem para as viagens corporativas não comprometerem as possibilidades da empresa e como garantia de que haja boas práticas nas reservas realizadas pelos funcionários.

**Exemplo 3: Política altamente detalhada**
Muito mais detalhada que as duas políticas exemplificadas anteriormente, a empresa deste nosso terceiro exemplo optou por desmembrar cada item essencial, com apontamentos específicos para eles, além de registrar critérios que talvez tenham sido entendidos como "periféricos" para a realidade das empresas anteriores, como as despesas com táxi e responsabilidades com visto e passaporte, por exemplo.

Neste caso, a empresa achou prudente mencionar que o primeiro (o passaporte) deve ser providenciado pelo funcionário e o segundo (o visto) pela própria empresa.

A empresa estabelece a diária de adiantamento de até R$100 para viagens nacionais e $100 para viagens internacionais. Ela observa inclusive que "funcionários viajando para o mesmo destino nas mesmas datas deverão otimizar os custos para a empresa, procurando viajar nos mesmos horários, dividindo o transporte quando possível".

Ela pede, de forma bastante específica, uma antecedência mínima de 5 dias úteis para viagens nacionais e 15 dias para as viagens internacionais. Todas as responsabilidades são desmembradas entre diferentes cargos, havendo regras para funcionários, diretorias e gerências, agência de viagens interna, departamento de compras e gestor de viagens.

Por meio de uma ferramenta de aplicativo específico, a empresa explica os procedimentos das reservas, fluxos de aprovação, além de categorias de voos, hospedagens e locação de carro, para funcionários, diretores e gerentes, voos nacionais e internacionais, com duração inferior ou superior a 8 horas e especificações para viagens de treinamento.

Fora isso, a empresa estabelece prazo de retorno para viagens urgentes, ou seja, aquelas que ocorrerão na data do envio, e também nas com início no dia seguinte ao envio, com início em 48 horas do envio e acima de 48 horas, com uma política de retorno variando de 4h a 48h para viagens mais ou menos urgentes.

Além das políticas mais comuns quanto aos fornecedores, a empresa opta por programar critérios para lavanderia, viagem com o cônjuge, limites de diárias para refeições, despesas com telefonia – que ao contrário da empresa anterior, onde não havia qualquer reembolso com ligações pessoais, esta permite que o funcionário faça uma ligação diária, de aproximadamente 5 minutos para sua residência ou familiares, recomendando, entretanto, o uso de cartão telefônico, quando possível.

CAPÍTULO 8

Política de Recursos Humanos

A finalidade da política de recursos humanos é disponibilizar princípios básicos de gestão de pessoas que devem orientar o quadro de funcionários, colaboradores e a área de Recursos Humanos no desempenho de suas funções.

Tendo como diretriz a gestão de pessoas, a Gestão de Recursos Humanos na Empresa X é caracterizada pela participação, capacitação, envolvimento e desenvolvimento do capital humano, buscando sempre o firme cumprimento dos seus direitos, deveres e a igualdade de oportunidades.

Como tal, adota como premissas:
• Reconhecer o potencial humano como o recurso estratégico mais importante para o desenvolvimento e sucesso institucional.
• Envolver e comprometer todos os colaboradores no trabalho que está sendo desenvolvido.
• Reconhecer que é necessário capacitar e profissionalizar o funcionário para que desenvolva e utilize seu pleno potencial de modo coerente e convergente com os objetivos estratégicos da organização.
• Não tolerar qualquer conduta – física, verbal ou não verbal – que venha a afetar a dignidade das pessoas – da mulher e do homem – no trabalho. Em especial, conduta que crie ou represente intimidação, hostilidade, humilhação, assédio moral ou sexual, bem como qualquer tipo de discriminação de etnia (raça/cor), gênero, credo religioso, idade, classe social, hábitos, orientação sexual, política, e relacionada à deficiência e mobilidade reduzida, pois fere a dignidade, afeta a produtividade e deteriora o clima e o ambiente de trabalho.
• Empenhar-se em estabelecer uma comunicação aberta e transparente, fornecendo informações regulares, confiáveis e relevantes a todos os colaboradores.
• Criar as condições necessárias para que todos os colaboradores possam expressar suas ideias, dúvidas, dificuldades, problemas e sugestões relacionados ao trabalho.

Com essa postura, a Empresa X espera que todos os colaboradores estejam conscientes de que suas ações devem ser respaldadas nos seguintes princípios:
- Observância às normas e procedimentos estabelecidos.
- Desenvolvimento responsável e ético de suas atividades.
- Atuação baseada nos princípios da gestão empreendedora e inovadora.
- Trabalho em equipe.
- Atuação flexível.
- Conhecimento da missão e dos objetivos da organização.

Alguns procedimentos devem ser seguidos em determinados setores:
**a) Funcionário**
- Registrar a frequência, diariamente, conforme mecanismos definidos pela Empresa X, observando os critérios e os requisitos estabelecidos nesta política.
- Comunicar, de imediato, ao respectivo gerente, toda ocorrência, se possível com antecedência. Caso não seja possível comunicar a ausência ou a falta, solicitar a um parente ou pessoa de sua confiança que o faça.
- Nos casos de ausências ou faltas, apresentar, no retorno ao trabalho, o respectivo comprovante, quando houver.

**No momento de Recrutamento e Seleção de Pessoal vamos observar o seguinte:**
- O recrutamento e a seleção do pessoal efetivo ou estagiário serão feitos após divulgação entre o público-alvo e constarão de etapas eliminatórias, classificatórias, incluindo entrevistas e técnicas de seleção, observadas as peculiaridades de cada cargo/carreira.
- As exigências previstas no processo de recrutamento e seleção não se aplicam à contratação de serviços técnicos especializados, às locações de serviços, aos cargos de confiança, aos cargos especiais e aos servidores contratados.
- Fica proibida a contratação de cônjuge ou parente até terceiro grau de Conselheiros e Diretores.

• Será permitida a contratação, por tempo limitado, de pesquisadores ou técnicos de nível superior, com ou sem vínculo empregatício, respeitada a legislação aplicada em sua entidade de origem.

• Será permitida a atividade de treinamento de recursos humanos por colaboradores e funcionários em instituições de ensino, centros de pesquisa e desenvolvimento públicos ou privados, bem como a realização de consultas técnicas, com ou sem remuneração, previamente autorizadas pelo(a) Diretor(a) Executivo(a) e Diretor(a) Administrativo(a)/Financeiro(a)

**Pode ocorrer o afastamento por motivos médicos, todos somos passíveis de ficar doentes, sendo assim:**

Período em que é contraindicado ao funcionário exercer suas atividades laborais.

• **Critérios e requisitos:**

a) O funcionário deverá informar, ao Diretor ou responsável pela unidade, as ausências por motivos médicos ou odontológicos com antecedência, ou no primeiro dia de afastamento, conforme o caso.

**Nota:** na impossibilidade de o funcionário realizá-la, a comunicação poderá ser feita por familiares ou testemunhas.

b) Nos afastamentos superiores a 15 dias consecutivos, ou intercalados dentro de um período de 60 dias, quando o motivo for decorrente da mesma patologia, o funcionário deve adotar as providências para requerer, ao INSS, o Benefício Previdenciário de Auxílio-Doença.

c) Nos afastamentos superiores a 15 dias intercalados, dentro do período de 60 dias, o funcionário deverá ser submetido, no décimo sexto dia de atestado, à avaliação do médico do Trabalho, o qual poderá solicitar relatório do médico ou dentista.

d) O funcionário que obtiver alta do Benefício Previdenciário de Auxílio-Doença e que apresentar novo atestado em um período de 60 dias após a data da alta, independentemente do número de dias, deverá ser encaminhado para avaliação do médico do Trabalho.

e) O funcionário que não retomar ao trabalho após a alta do Auxílio-

-Doença e protocolar recurso junto ao INSS terá sua frequência apontada como falta até a decisão favorável do INSS.

f) No caso de indeferimento do recurso, o funcionário terá o desconto dos dias em que esteve ausente e deverá retornar às suas atividades, após avaliação do médico do Trabalho.

g) Somente será concedida a complementação salarial sobre o Benefício Previdenciário de Auxílio-Doença, nos termos do estabelecido na Convenção Coletiva de Trabalho, mediante a apresentação, pelo funcionário, da Carta Concessória emitida pelo INSS.

h) O funcionário afastado por motivos médicos ou odontológicos terá suas férias suspensas e reprogramadas após a alta médica.

**Quanto a frequência:**
• **QUANDO MARCAR O PONTO?**
1. Entrada do Trabalho
2. Início e término do horário de almoço
3. Saída do Trabalho

• **O QUE É CONSIDERADO ATRASO?**
É tolerado um atraso máximo de 15 minutos, na marcação do ponto, durante a entrada do trabalho. Se durante o mês os atrasos ultrapassarem a 30 minutos, o funcionário será descontado em folha de pagamento.

• **QUANDO AUSÊNCIAS SÃO ABONADAS:**
I. 2 dias consecutivos quando do falecimento de cônjuge, companheiro (a), ascendente ou descendente direto.

II. 1 dia no caso de internação hospitalar de cônjuge ou filho, desde que coincidentes com a jornada de trabalho do profissional.

III. Até 14 dias por Licença Médica, comprovada através de Atestado Médico reconhecido.

IV. 1 dia por ano no caso de doação comprovada de sangue.

V. 5 dias consecutivos de licença pelo nascimento de filho.

VI. 3 dias consecutivos de licença pelo casamento.

**O tão esperado período das férias:**
Período anual de descanso remunerado, com duração máxima de 30 dias, proporcional ao número de dias trabalhados, descontadas as faltas injustificadas ao serviço.

• **Critérios e Requisitos**
• Para o primeiro período aquisitivo, serão exigidos 12 meses de exercício efetivo.
• As férias não poderão ser concedidas em dois períodos, exceto nos casos previstos na CLT, sendo que um deles não poderá ser inferior a dez dias corridos.
• As férias já programadas nos Avisos de Férias somente poderão ser alteradas se a justificativa for aceita pela supervisão imediata, e com antecedência de 30 dias da data prevista para gozo, devendo ser emitido novo Aviso.
• Não terá direito às férias o funcionário que, no decorrer do período aquisitivo:
– faltar injustificadamente por mais de 32 dias consecutivos ou alternados.
– ausentar-se por auxílio-doença ou acidente do trabalho por mais de 180 dias, dentro do período aquisitivo.

**O que são Benefícios?**

**Vale-Transporte**

**O QUE É?**
Benefício legal a que todos os trabalhadores têm direito, utilizado para o deslocamento de ida e volta ao trabalho.

**ONDE UTILIZAR O VALE-TRANSPORTE?**
Em todas as formas de transporte coletivo público municipal e intermunicipal.
**QUEM TEM DIREITO?**
Todos os funcionários efetivos que fizeram a opção pelo benefício.

Funcionários em férias e afastados por doença/acidente, não recebem o Vale-Transporte.

O Vale-Transporte não tem natureza salarial, portanto não é incorporado à remuneração.

### Vale-Refeição
### ONDE UTILIZAR O VALE-REFEIÇÃO?
Em todos os estabelecimentos que mantiverem convênio com a operadora selecionada.

### QUEM TEM DIREITO?
Todos os funcionários efetivos que tenham jornada de trabalho de 8 horas diárias.

Funcionários em férias e afastados por doença / acidente, não recebem Vale-Refeição.

O Vale-Refeição não tem natureza salarial, portanto não é incorporado à remuneração.

### QUANDO O VALE-REFEIÇÃO SERÁ CREDITADO NO CARTÃO?
Até o último dia útil do mês anterior ao benefício.

### Assistência Médica
### COMO E ONDE UTILIZAR ASSISTÊNCIA MÉDICA?
Através de agendamento conforme livro guia com a descrição de clínicas, médicos e laboratórios conveniados.

### QUEM TEM DIREITO?
Todos os funcionários que optarem por este benefício até 30(trinta) dias após sua contratação.

A Assistência Médica não tem natureza salarial, portanto não é incorporado à remuneração.

**QUAL É O PRAZO DE RECEBIMENTO PARA OS ADMITIDOS NO MÊS QUE OPTAREM PELO BENEFÍCIO MÉDICO ASSISTÊNCIAL?**

Quinze dias após a sua concordância da assistência médica, desde que utilizem o benefício somente com a numeração do conveniado que será fornecida pelo departamento de Recursos Humanos da Associação, e/ou após o recebimento do Cartão da própria empresa de Assistência Médica, que também será fornecido pelo Departamento de Recursos Humanos.

Por fim, os atos regulamentares necessários ao cumprimento destas normas, ressalvados os casos de competência do Conselho de Administração, serão baixados pelo(a) Diretor(a) Executivo(a) e Diretor(a) Administrativo(a)/Financeiro(a).

**RECRUTAMENTO E SELEÇÃO**

Conjunto de procedimentos que visa a atrair candidatos potencialmente qualificados e capazes de ocupar cargos dentro da organização.

**Critérios e requisitos**

O recrutamento do pessoal efetivo será feito mediante divulgação em veículos que possam atingir o público-alvo.

O recrutamento será feito interna e externamente, de forma concomitante, garantindo-se igualdade de condições de participação no processo seletivo a todos os candidatos inscritos e dando-se preferência à contratação dos candidatos internos aprovados, em caso de empate com os externos.

Os candidatos interessados poderão realizar um cadastro de seu currículo no site das Empresas.

A seleção constará de entrevistas e/ou técnicas específicas, observadas as peculiaridades de cada cargo ou função, visando à escolha, para a Empresa, de candidatos que preencham os requisitos desejados.

Para cada cargo ou função a ser preenchida, deverão ser observados os pré-requisitos estabelecidos no Plano de Cargos e Salários e neste Manual.

As exigências previstas no processo de recrutamento e seleção não se aplicam à contratação de serviços técnicos especializados, aos cargos de confiança, aos cargos especiais entendidos como tais, àqueles que requeiram notória especialização, como curadores etc.

Ficam proibidas as contratações de cônjuge ou parente, até o terceiro grau, de Conselheiros e Diretores, bem como de servidores públicos em atividade.

## ADMISSÃO DE PESSOAL

Contratação de profissional para compor o Quadro de Pessoal da Empresa, observados os critérios e requisitos estabelecidos no processo de recrutamento e seleção.

Todo funcionário deverá ser admitido, preferencialmente, com salário no início da faixa salarial estabelecida para seu cargo, de acordo com o Plano de Cargos e Salários.

Excepcionalmente, o salário de admissão poderá ser estabelecido acima desse limite, em função do grau de qualificação e experiência exigidos do candidato ou por contingência de mercado.

A criação de novo cargo deverá ser feita com base em avaliação da Gerência de Gestão de Pessoas, e sua classificação, de acordo com os critérios e metodologia estabelecidos no Plano de Cargos e Salários.

O prazo legal para registro de funcionário é de 48 horas. A Carteira de Trabalho e Previdência Social – CTPS deverá ser devolvida respeitando-se esse prazo. No caso das cópias de documentos, após utilização, deverão ser devolvidas no prazo máximo de cinco dias.

O prazo máximo do contrato de experiência é de 45 dias, podendo ser prorrogado uma vez por igual período.

Os documentos necessários para o processo de admissão são:
a) CTPS – Carteira de Trabalho e Previdência Social;
b) Ficha de admissão;
c) Atestado de Exame Médico Admissional;
d) Foto 3x4 (uma);
e) Cédula de Identidade (cópia);
f) Cartão de Identificação do Contribuinte – CPF (cópia);
g) Título de Eleitor (cópia);
h) Certificado de Alistamento Militar ou Reservista (cópia);
i) Certidão de Casamento (cópia);
j) Certidões de Nascimento dos filhos e dependentes (cópia);
k) PIS;
l) Relação de dependentes identificados pelo nome, grau de parentesco e idade;
m) Carteira de Vacinação dos filhos até 7 anos e Atestado de Frequência às aulas dos filhos até 14 anos.

Os candidatos admitidos deverão assinar Contrato de Experiência.

## CONTROLE DE FREQUÊNCIA

O controle de frequência focaliza as variações ocorridas (conforme tabela anexa) dentro da jornada de trabalho, assim classificadas:
1. Ausência
É o não comparecimento do funcionário durante parte da jornada diária de trabalho.
2. Falta
É o não comparecimento do funcionário durante um ou mais dias de trabalho.
3. Atrasos

É o comparecimento do funcionário depois do horário inicial de trabalho.

## MOVIMENTAÇÃO DE PESSOAL

### I - Transferência de pessoal

Alteração da área de lotação do funcionário, a qual implica a mudança do centro de custo ou unidade de serviço, independente da permanência do funcionário no mesmo cargo.

1. Caso a transferência resulte em mudança de cargo e salário, deverão ser aplicados os mesmos critérios estabelecidos para promoção e progressão horizontal.

2. A transferência de pessoal entre áreas estará condicionada à disponibilidade do funcionário pela Área Cedente e a existência de vaga na Área de Destino.

3. A transferência somente poderá ser efetivada após análise e emissão de parecer técnico, pela Gerência de Gestão de Pessoas, quanto à compatibilidade das qualificações e competências do funcionário a ser transferido com as funções a serem desenvolvidas no Núcleo de Destino e jornada de trabalho.

## SAÚDE E SEGURANÇA DO TRABALHO

### Programa de Controle Médico de Saúde Ocupacional – PCMSO

Programa de prevenção, rastreamento e diagnóstico precoce dos agravos à saúde, de natureza subclínica, visando constatar a existência de doenças profissionais ou danos irreversíveis à saúde do funcionário, especialmente no âmbito coletivo.

1. O planejamento do PCMSO deverá ser elaborado por médico do Trabalho ou empresa especializada, com base nos riscos existentes à saúde dos funcionários de acordo com as atividades exercidas, considerando as avaliações previstas nas NR – Normas Regulamentadoras do Ministério do Trabalho.

2. Os exames complementares deverão ser realizados em entidades (laboratórios, clínicas, hospitais) indicadas pela Empresa.

3. Todo funcionário deverá ser submetido a exame médico periódico,

no mínimo, uma vez ao ano.

4. A periodicidade da realização dos exames deverá ser definida com base no cargo e nas condições do local de trabalho do funcionário.

5. Os responsáveis pelas unidades deverão liberar seus funcionários para realizar exame médico periódico e revisão psicológica, quando convocados, bem como os exames complementares solicitados pelo médico do Trabalho.

6. O funcionário somente poderá atuar nas atividades próprias do cargo e posto de trabalho se estiver com o Atestado de Saúde Ocupacional – ASO de apto vigente.

7. O funcionário afastado por motivo de doença por período superior a 30 dias, por ocasião da alta médica, deverá ser submetido a exame médico de retorno ao trabalho, obrigatoriamente, antes do início de suas atividades.

8. Todo candidato, antes de ser admitido na Empresa, deverá ser submetido a exame médico admissional, de caráter eliminatório, caso não atenda ao perfil de saúde e biótipo específico do cargo pretendido.

9. Todo funcionário, antes de ser desligado da Empresa, deverá ser submetido a exame médico demissional, caso o último exame periódico tenha ocorrido há mais de 90 dias.

10. O funcionário reenquadrado em novo cargo deverá ser submetido a exame médico para mudança de função, antes de iniciar as novas atividades, caso assim o exija a nova função.

11. Os exames médicos periódicos, admissionais, demissionais e de mudança de cargo deverão ser programados e agendados com o médico do Trabalho pela Gerência de Gestão de Pessoas.

12. Os funcionários serão convocados considerando-se a data do último exame ocupacional realizado (12 meses).

13. O funcionário deverá se apresentar ao médico do trabalho no local, data e horário estabelecidos. O não comparecimento poderá acarretar a aplicação de medidas disciplinares.

14. Os responsáveis pelas unidades, em caso de justificada necessidade e excepcionalmente, poderão solicitar alterações na programação de

exames médicos periódicos, propostas pela Gerência de Gestão de Pessoas, até o dia 15 de cada mês que antecede ao da realização do exame. Depois dessa data, não serão processadas alterações.

15. Os funcionários que se encontrarem de férias no mês de sua convocação terão seus exames remarcados, automaticamente, para data posterior, sendo, no máximo, dois meses depois da data prevista no caso de exame médico, e três meses no caso de revisão psicológica.

16. Os dados referentes a doenças ocupacionais ou sinais/sintomas detectados na avaliação médica, bem como informações sobre possíveis agentes agressivos à saúde, decorrentes da avaliação médica e/ou inspeção no local de trabalho, deverão ser utilizados no planejamento do Programa de Prevenção de Riscos Ambientais – PPRA.

**Programa de Prevenção de Riscos Ambientais – PPRA**

O PPRA é parte integrante das iniciativas da Poiesis, cujo intuito é preservar a saúde e a integridade física dos funcionários por meio da antecipação, do reconhecimento e do controle da ocorrência de riscos ambientais existentes ou que venham a existir no ambiente de trabalho.

1. O PPRA será planejado, implantado e coordenado por profissionais qualificados ou empresa especializada, de acordo com as diretrizes estabelecidas nas NR – Normas Regulamentadoras do Ministério do Trabalho.

2. O PPRA deverá estar articulado com o Programa de Controle Médico de Saúde Ocupacional – PCMSO e também com as demais normas regulamentadoras.

3. As medidas de ação propostas no PPRA serão discutidas com os respectivos Coordenadores de Núcleo e membros da Comissão Interna de Prevenção de Acidentes – CIPA, que definirão o planejamento da implementação das ações.

4. A priorização da implantação das ações planejadas deverá levar em conta a classificação dos resultados de análise quantitativa dos riscos ambientais. Deverão ser adotadas, prioritariamente, medidas de proteção co-

letiva, de caráter administrativo ou de organização do trabalho.

5. Os responsáveis pela unidade são obrigados a fazer verificações das condições ambientais adequadas em suas respectivas áreas de trabalho e deverão adotar medidas necessárias para implementação das ações e medidas de controle previstas no planejamento do PPRA.

6. As unidades poderão solicitar reavaliações ambientais, em suas áreas de trabalho, sempre que considerarem necessário em decorrência de alterações de métodos, local ou processos de trabalho.

7. Novos projetos de instalações, sistemas ou equipamentos devem prever dispositivos de proteção coletiva, para a preservação da saúde e segurança dos funcionários nos respectivos ambientes ocupacionais.

8. Os Equipamentos de Proteção Individual – EPI deverão ser utilizados, considerando as Normas Legais e Administrativas em vigor, como complemento de segurança dos funcionários e até que as medidas no âmbito coletivo estejam implantadas.

9. Os funcionários deverão colaborar com os processos de implantação e execução do PPRA.

10. Deverá ser realizado anualmente o treinamento dos funcionários nos procedimentos do PPRA.

CAPÍTULO 9

Ética, Governança e Compliance

Para iniciarmos nosso capítulo precisamos compreender que o paralelo Compliance *versus* Jurídico necessita de cauteloso aprofundamento no estudo do instituto "compliance", novidade que recentemente invadiu as empresas nacionais e multinacionais situadas em nosso país.

Para fazermos a análise desses institutos, vamos utilizar como base a doutrina nacional e, como fonte suplementar, a literatura internacional, dada a proveniência do instituto de compliance, de países como Inglaterra e Estados Unidos da América, sendo essencial para a concretização deste labor, a utilização de manuais e documentos advindos de organizações especializadas no assunto, como Legal, Ethics, and Compliance, ACA – Compliance Group e Society of Corporate Compliance and Ethics.

Por outro lado, as fontes pesquisadas demonstraram que "compliance" engloba diversos outros fatores que, articulados à atuação jurídica, resultam na minimização e mitigação de riscos empresariais, obtendo-se, ao final, nada mais do que a eficácia plena do paralelo Jurídico/compliance.

Dentre os diversos fatores de compliance, temos a reputação, a ética, a política organizacional, a fiscalização e a gestão de riscos no âmbito empresarial. Contudo, a natureza dos elementos de compliance e pode chegar aos extremos de inviabilizar a concretização de negócios empresariais em decorrência de seu relevante grau de conservadorismo, inerente a esta área, haja vista ser, o compliance, atuante especificamente na área de prevenção.

Diferentemente, a atuação jurídica tem maior abrangência, podendo ser essencial na prevenção e na profilaxia de riscos e danos gerados pelas condutas de agentes empresariais. Como bem destaca Coimbra (2010), o cumprimento *ipsis literis* da legislação pode ocasionar severas dificuldades na realização e concretização de negócios (Compliance), ao passo que a atuação jurídica é fundamental para buscar alternativas, brechas e flexibilização nas leis com a finalidade de concretizá-los.

Não podemos deixar que a utilização do Compliance Jurídico seja obstáculo a celeridade de celebração dos contratos, precisamos sim, utilizar o Compliance nas nossas relações, mas sempre de forma clara e objetiva, e aqui fica a ideia de a objetividade trazida neste nosso trabalho ser o segredo do sucesso nas relações empresariais.

Nesta esteira:

> *Fica evidente o grande dilema vivido pelas áreas ou pelos profissionais que acumulam as duas funções: o jurídico, por vezes, busca soluções com mais riscos e, até mesmo, "brechas"na lei para facilitar a consecução dos negócios; o compliance, por sua vez, assume uma posição bem mais conservadora, velando pela observância das leis de acordo com uma interpretação que não ofereça riscos de sanções ou processos judiciais* (COIMBRA et. al., 2010, p. 35).

Deste modo, apesar das disparidades apresentadas, mostra-se salutar a atuação jurídica como forma de consolidação das estratégias de compliance. Por intermédio de mapeamentos dos pontos críticos e conflitantes da atuação jurídica com os princípios de compliance, pretende-se identificar a problemática existente entre a atuação das duas áreas conjuntamente.

Grandes são as discussões acerca da separação de departamentos de compliance e jurídico, em virtude das divergentes competências das duas áreas e, sopesando o lado ético e as boas práticas, para que não haja influências no tocante ao exercício honesto e genuíno das duas funções, recomenda a doutrina a separação dos dois departamentos.

No tocante ao acúmulo das funções (compliance e jurídico) num mesmo departamento, Coimbra (2010) indaga se uma investigação interna, por exemplo, não poderia sofrer influências da visão de advogado no que tange a um determinado processo.

Tal indagação é válida, já que determinadas divergências de competências podem gerar atritos impactantes no desempenho das duas funções e certas demandas podem decorrer de infrações resultantes do desvio de conduta dos agentes ou até mesmo dos administradores da empresa.

Deste modo, a investigação interna, para fins de atribuição de responsabilidade e efetiva aplicação de sanções, que compete ao compliance aplicar, certamente será afetada em cheio pelas influências dos profissionais da área jurídica (COIMBRA et al., 2010).

Insofismavelmente, em que pese os pontos de divergência, constata-se que, mesmo em departamentos distintos, como recomendam os estudiosos da área, há a necessidade de integração, ou quase simbiose entre compliance e jurídico, como meio de fortalecimento, ou "blindagem" empresarial que impacta, de forma crucial, a imagem de mercado que esta atuação conjunta pode gerar.

Por outro lado, este estudo traz uma breve análise da Lei nº 12.843/2013, a chamada Lei Anticorrupção, as condutas nela tipificadas e as sanções previstas, não escapando de análise os tipos de responsabilidades a que se sujeitam os infratores e os desastrosos impactos a que a lei pode submeter as empresas ou pessoas jurídicas.

O Compliance teve seu início em decorrência das atividades financeiras, que, ante a necessidade de combater riscos que lhe são inerentes, restaram por adotar requisitos e criação de regulamentos próprios.

Coimbra et al. (2010) elucida acerca da origem de compliance declarando que o termo origina-se do inglês *"to comply"*, que significa obedecer, executar, observar, satisfazer imposições de ordem legal ou de ordem interna empresarial. Objetiva, sobretudo evitar os riscos decorrentes do cometimento de condutas pessoais ou organizacionais consideradas ilícitas ou incoerentes com os princípios, missões, visão ou objetivos de uma empresa.

A FEBRABAN (2004, p. 07)., em sua cartilha *Função de Compliance* nos elucida acerca das primeiras iniciativas internacionais no sentido de que:

> *[...] desde os primórdios dos anos 70, com a criação do Comitê de Basileia para Supervisão Bancária, procurou-se*

> *fortalecer o sistema financeiro por meio da maior conceituação sistemática de suas atividades, parametrizando-as pelas boas práticas financeiras e munindo-as de procedimentos prudenciais na sua atuação. Iniciava-se o processo para a tentativa de saneamento do sistema financeiro internacional.*

Nesta mesma década, surge, nos Estados Unidos da América, em 1977, o *"Foreign Corrupt Practices Act"*, ou em tradução livre, "Ato Antipráticas de Corrupção Externa", instituindo as primeiras definições das funções de compliance, as quais foram, exemplificativamente, combater o suborno de gestores e colaboradores de empresas, tornarem mais transparentes a contabilidade empresarial, fiscalizar a efetivação e cumprimento das políticas organizacionais, como meio de mitigar riscos e gerir conflitos internos.

Negrão e Pontelo (2014) elucidam que em 1998, um novo movimento, denominado "A Era de Controles Internos", que também pode ser destacado como Era de Compliance, foi iniciado em decorrência da publicação dos 13 Princípios de Supervisão por Administradores de Controles Internos.

As eminentes autoras ainda nos desvelam o fato de que, nesta mesma década, no Brasil, o Congresso Nacional promulgou a Lei nº 9.613/98, que dispunha sobre o crime de lavagem de dinheiro e ocultação de bens. Ação esta visando a impedir o uso do Sistema financeiro Nacional para a prática de atos ilícitos e lesivos ao país. Assim, criou-se o Conselho de Atividades Financeiras – COAF, com o intuito de prevenir o financiamento ao terrorismo e aos atos lesivos à Administração pública.

Remetendo-nos aos tempos mais recentes, em 2001 e 2002, anos nos quais acontecimentos chocantes e, ao mesmo tempo delicados atingiram o mundo em cheio – queda das torres gêmeas e os escândalos na Wall Street – geraram intensa movimentação nos setores financeiro e empresarial, o que culminou no enquadramento e consequente criação de novas tecnologias, maior aproximação e novas regulamentações com a finalidade de mitigar os danos e riscos destas atividades.

No Brasil, recentemente, foi promulgada a Lei nº 12.846/2013, tratando da responsabilidade administrativa e civil das empresas decorrente de atos de corrupção, fraudatórios, ilícitos ou lesivos praticados contra a Administração Pública, a qual tornou-se objetiva. Para tanto, basta a demonstração do efetivo dano e o nexo causal.

Neste contexto, mostra-se imprescindível a adoção e elaboração de medidas, regras e condutas, sobretudo, devendo haver a fiscalização acerca de seu cumprimento. É exatamente aí que entra o instituto compliance, como ferramenta regulamentar, fiscalizadora, com vistas ao emprego da ética e de boas práticas de governança.

Para uma melhor compreensão acerca do instituto Compliance e seu paralelismo com a atuação jurídica, sigamos analisando as competências e a importância da área jurídica e compliance para uma nova ótica empresarial.

Para a demonstração da importância do compliance e suas competências, analisemos brevemente, uma situação fática ocorrida com a Rede de Fast Food "Taco Bell" nos EUA, publicada pelo site da Revista *Exame* em 03 de março de 2013:

> *A rede de fast-food Taco Bell vive uma crise de imagem nas redes sociais nos Estados Unidos. Uma fotografia do que parece ser um funcionário da empresa lambendo uma pilha de tacos gerou indignação de consumidores e está sendo compartilhada na internet junto a protestos (...).*

No trecho do artigo acima, um colaborador postou uma foto lambendo uma grande pilha de tortilhas. Efetivamente há um impacto gigantesco, em âmbito inclusive internacional, nesta conduta. A empresa foi exposta a riscos tão sérios, que poderiam implicar na diminuição drástica de seus clientes, perda de reputação, perda de crédito no mercado de ações, podendo gerar inclusive, sua falência e consequente extinção no mercado.

Em verdade, Compliance faz parte da competitividade do mercado, posto que as empresas adotam políticas socialmente responsáveis principalmente em decorrência das pressões por parte dos cidadãos, e o fazem para preservar sua reputação (SROUR, 2003).

Ademais, como sabiamente lecionam Negrão e Pontelo (2014), a realidade atual é impiedosa e demonstra que as irregularidades provenientes da falta de fiscalização dos administradores de empresas pode lhes custar os bens pessoais, frutos de uma vida inteira de trabalho.
Os riscos demonstrados poderiam ter sido evitados se os parâmetros e políticas éticas empresariais, em sintonia com efetiva fiscalização em termos de adoção de normas e sistemáticas, houvessem sido adotadas.

Como leciona Andreasen (2002) as decisões éticas são importantes, mas também dificilmente são levadas a frente. Sua importância se consolida em virtude da possibilidade de condutas antiéticas, como a publicidade prejudicial e o dano à reputação organizacional, bem como a queda no ânimo dos colaboradores ou sanções legais. Já a conduta ética, quando levada à frente pode reverter este quadro, tornando funcionários mais satisfeitos, por sua função social, e aptos ao trabalho, isso sem considerar a boa perspectiva por parte dos clientes.

Como Olsen expõe em seu artigo *Os três (não tão) Pequenos Pilares de um efetivo Programa de Compliance,* no sentido de que "Neste momento, a maior parte dos profissionais de compliance sabem dos três pilares para um programa efetivo de compliance – detectar, corrigir, prevenir" (OLSEN, 2014, p. 01).

De acordo com este autor, não é possível, por parte dos profissionais de Compliance, ignorar os problemas que possam aparecer, muito menos ignorar a necessidade de delimitação e correção de problemas já identificados. E o mais importante de tudo, as empresas não podem se comprometer a sanar problemas, para com seus departamentos regulatórios, sem efetivamente fazê-lo.
Nessa esteira, seriam três os pilares, como dito acima, para a concreti-

zação de efetivo programa de Compliance.

O primeiro deles seria a detecção dos problemas que possam afetar a empresa, de modo que tal identificação não concerne unicamente ao oficial de compliance, mas a todos que da empresa são parte, devendo assim, não só buscar identificar problemas como ajudar no monitoramento de condutas e possíveis correções destas. Destaca ainda, que anualmente, partes do programa de compliance devem ser testadas e revisadas para uma melhor performance.

É o que Coimbra et al. (2010) chamam de due diligence periódico. Pensamento que vai de encontro ao explicitado acima, por Olsen sobre os (não tão) Pequenos Pilares de um efetivo Programa de Compliance:

> *Uma vez implementado um Programa de Compliance, é necessário o constante monitoramento e auditoria periódica para assegurar que os elementos do programa de Compliance estejam funcionando e atendam a seus objetivos. Para que seja possível este monitoramento de relatórios, há que se elaborar, também, um processo de avaliação. O monitoramento do comportamento de compliance pode ser estabelecido em diversas bases, mais ou menos formais. A manutenção de compliance implica em administradores responsáveis pela compreensão das necessidades atuais da empresa, bem como lacunas existentes no programa de compliance (...) a manutenção de compliance implica (...).*

Estes autores finalizam enfatizando que a eficiência de um programa de Compliance requer necessariamente sua avaliação permanente por meio de auditoria, objetivando corrigir rumos e vulnerabilidades do programa.

Na mesma linha de pensamento, segue Gonçalves (2012) quando direciona que a verificação do cumprimento das normas estabelecidas pela organização seja realizada por intermédio de auditorias internas, ou por meio do que é chamado de compliance.

Pois bem, o segundo pilar seria a correção, momento no qual se partiria de análise do problema em questão, analisando se houve violação de política, norma, ou regulamento, para posteriormente, passando a elaborar um plano de ação com vistas a saná-lo e, finalmente, detectar se houve qualquer lesão a direito de clientes ou possíveis clientes.

Por fim, o terceiro pilar seria a prevenção e para prevenir, nada melhor do que a conscientização dos colaboradores da empresa sobre as consequências de suas decisões e atitudes. Em consonância a estas ações, códigos de conduta e de ética devem ser escritos, lidos, seguidos e, fundamentalmente, deve haver supervisão para que haja efetivo cumprimento das normas de compliance.

Assim, a função de compliance é determinante para criar políticas e sistematizar condutas, estabelecer a visão de empresa que se deseja obter e determinar uma cultura ética com bons hábitos de governança. Sabiamente, como declararam Coimbra et al. (2010, p. 12): "o florescimento e desenvolvimento da cultura de compliance são altamente dependentes de um ambiente ético".

Pontelo e Negrão (2014, p. 45)) salientam uma similaridade da atuação de compliance com a atuação jurídica na medida em que:

> *O Compliance traduz a reverência às normas e políticas mitigando os riscos de imagem, fraudes, reputação, preservando a receita e atratividade da organização no mercado em que atua.*

Neste item, compliance é uma cultura pela qual uma empresa se mostra, se revela ao mercado e à sociedade, pois como Coimbra et al. (2010) destacaram, a exposição social das regras de conduta da empresa é que permite àqueles que com ela se relacionam escolher se com ela se mantêm relacionando, seja como funcionário, cliente ou fornecedor, ou escolher outras organizações com as quais mais se identificam de acordo com seu nível de aprovação.

Da mesma forma, posiciona-se a FEBRABAN (2004, p. 9) ao afirmar que:

> *O risco atrelado à reputação é, portanto, a perda potencial da imagem da instituição, que poderia levar à publicidade negativa, perda de rendimento, litígios, declínio na base de clientes e falência. Uma ampla avaliação desse risco é uma estimativa da atual posição da organização por seus clientes e acionistas e sua capacidade de operar com sucesso no mercado.*

Tem-se então, que a forma como se apresenta pode afetar os lucros de maneira decisiva, pois é com base na cultura e imagem empresarial que os índices de consumo de seus produtos aumentam ou diminuem.

Coimbra et al. (2010, p. 13) realçam que:

> *Na sociedade contemporânea, especialmente as decisões tomadas pelas empresas afetam a vida das pessoas, não apenas daqueles que mantêm relação direta com ela como funcionários e consumidores, mas da comunidade como um todo. Por isso, a maneira como as empresas são governadas passou a ser um tema de interesse coletivo.*

Em suma, a ferramenta compliance é embebida de conservadorismo, na medida em que zela pela imagem, ética empresarial, pela visão de negócio numa perspectiva cidadã, destinando-se ao controle interno da empresa, no qual insere políticas e normas éticas com o condão de viabilizar ou inviabilizar negócios a depender de seus valores internos.

É o que bem apontam Coimbra et al. (2010, p. 37):

> *Assim, a organização poderá decidir, com o apoio de compliance, por não explorar suas atividades em determinada situação em benefício da preservação dos seus valores, ainda que a estratégia de negócio proposto não infrinja qualquer lei ou regulamento.*

Certo é que mesmo ante a existência de compliance no mundo atual, empresas continuam se envolvendo em atos de corrupção, abuso e lavagem de dinheiro. É o que se evidencia com a recente Operação Lava Jato, da Polícia Federal, envolvendo a petrolífera brasileira, PETROBRAS e a formação de cartéis para lavagem de dinheiro no que tocava às suas obras, posto que as empreiteiras combinavam preços e "decidiam" quem ganharia as licitações.

Em recente entrevista publicada no site da revista *Veja*, o chefe da Controladoria-Geral da União (CGU), Ministro Valdir Moisés Simão, afirmou após tardia decisão, que:

> *(...) a prioridade da gestão será, segundo ele, estimular a criação de áreas "independentes" de compliance (controle interno) nas estatais, além de normas de governança para identificar e prevenir desvios. (...) A gente tem condições de fazer uma avaliação crítica dos manuais de comprar, como é que se dão os processos de decisão. São regras de governança que talvez estejam faltando.*

Tal situação, apenas com o fito ilustrativo, retrata a necessidade e a importância de compliance, de modo que, se houvesse um departamento criando normas e políticas de boa governança, controlando questões de ordem ética e reputacional, fiscalizando as operações financeiras e adequando o conjunto à visão de empresa, os crimes cometidos jamais teriam se consumado, e se houvessem sido consumados, teríamos casos exemplares de sanção penal, administrativa e civil daqueles que permissivamente agiram.

Logo, a não existência de um departamento de compliance pode trazer sérios danos à empresa, seja de ordem financeira, reputacional, de credibilidade, já que sua principal linha de atuação é de ordem preventiva.

Desta forma, com o propósito de comparar Compliance e jurídico, prossigamos a análise da atuação jurídica, sua importância e principais pontos destoantes da área de compliance, no tópico a seguir.

É cediço que as organizações, de modo geral, não podem prescindir de um departamento jurídico, porquanto suas atividades, sejam elas mercantis ou não, envolvem riscos e a menor possibilidade de neles incorrer, pode gerar perdas difíceis de serem reparadas.

A "economia" pretendida por algumas empresas, que atuam mediante a supressão de departamento jurídico em sua organização, realizando meras consultas a um profissional de área em casos esporádicos, é indicador de plena vulnerabilidade organizacional e, como destaca Coelho (2011, p. 70):

> *Na maioria das vezes, as corporações buscam aconselhamentos jurídicos pontuais e especializados, deixando para implantar um departamento jurídico interno somente muito tempo depois, quando efetivamente não tem mais como ignorar a sua necessidade.*

A atuação jurídica deve estar pautada, não apenas na contenção de danos decorrentes das demandas que, por ineficácia ou ausência de um departamento jurídico bem estruturado surgem, mas inegavelmente, atuar preventivamente, analisando a legalidade de seus contratos, o teor de suas propagandas, a clareza nas informações prestadas aos consumidores, as relações comerciais com outros fornecedores, dentre outros tópicos que competem ao departamento jurídico no âmbito empresarial.

Nesta esteira, Coelho (2011, p. 77) ressaltou que:

> *A eficiente gestão estratégica do setor jurídico, não se baseia somente no resultado das demandas judiciais, mas também na implementação do denominado "Direito Preventivo", avaliando medidas para a diminuição de processos, diagnosticando, inclusive, os pontos de risco de formação de precedentes, dentre outras ações que visam a redução de contingência.*

Indubitavelmente, como explicita Coelho (2011) uma atuação efetiva jurídica contempla um extenso rol de competências que englobam a defesa dos interesses da empresa nas demandas existentes, assim como naquelas que venham a existir, representá-la perante quaisquer órgãos públicos da administração direta e indireta, acompanhar o andamento de suas demandas, elaborar, analisar e chancelar contratos, informar sobre os riscos das variadas atividades, identificar conflitos que acarretem riscos, alinhar sua conduta à visão de empresa, além de criar e implementar planejamentos estratégicos que resultem em boas práticas no âmbito empresarial.

Ademais:

> *(...) cabe à área jurídica o dever legal e ético de (i) funcionar como um órgão consultivo de seus clientes internos, recomendando a maneira legal e em conformidade com as políticas internas da organização; e (ii) defender a organização em demandas judiciais* (COIMBRA, 2010, p. 36).

Neste compasso, a área jurídica deve estar sempre a postos com o fito de acompanhar, analisar, e sanar, sob o prisma da legislação vigente, todas as relações que permeiam as atividades organizacionais.

Deste modo, é possível aferir que, embora o departamento jurídico deva se alinhar à visão de empresa, deve também buscar meios de viabilizar negócios, ainda que estes possam deslocar-se da visão empresarial, o que seria inadmissível para o compliance.

Da mesma forma, se os profissionais que atuam em compliance fossem os mesmos que atuam nos interessem jurídicos da empresa, haveriam tremendos conflitos de ordem ética.

Imaginemos a seguinte situação: João, que cumula os cargos de oficial de compliance e advogado da Empresa ELOS S.A., conduz uma investigação interna para desvelar um caso de desvio de conduta de um funcionário (como no caso da empresa de comida mexicana que citamos), que resultou abalos ao nome e de ordem financeira à empresa. Assim, João descobre que, unicamente por seu descuido, jamais houveram políticas ou treinamentos de uniformização de conduta. Assim sendo, João, percebe que os impactos sofridos foram unicamente sua responsabilidade, porquanto não providenciara, no momento propício, um curso uniformizador de conduta, como forma de prevenir o ocorrido desvio.

Neste caso, como solucionar tamanho impasse?

Sancionar-se a si mesmo?

Não seria João influenciado a declarar a investigação inconclusiva já que temeria a sanção?

Não há que se olvidar que os resultados seriam os mais diversos e que, nesta perspectiva, o jurídico necessariamente, deveria destacar-se de compliance.

Obviamente, os pontos explicitados são apenas alguns impasses sofridos por profissionais que cumulam as duas funções, não esgotando o rol de possibilidades e divergências entre as duas áreas.

Com foco em todas as óticas até então expressadas, analisemos, a seguir, o paralelo entre o campo jurídico-normativo e compliance, de modo que possamos aprofundar-nos e refletirmos sobre a problemática proposta.

A Lei nº 12.846, sancionada em agosto de 2013, clamada por alguns como a Lei Anticorrupção, enfatizou a necessidade de "estar em compliance", por meio da utilização de procedimentos internos determinantes para a integridade empresarial, ética e boas práticas de governança.

Aplicada às sociedades empresárias, sociedades simples, fundações, associações ou sociedades estrangeiras filiadas ou sediadas no Brasil, a Lei Anticorrupção impulsiona o combate à corrupção, na medida em que determina as condutas lesivas à Administração Pública nacional e estrangeira, dispõe quais as sanções aplicáveis e incentiva a criação de novas estratégias de controle e boas condutas organizacionais.

Curiosamente, denota-se que a extensão de um simples dispositivo de lei é ilimitada, na medida em que se colocam em perspectiva as ações que dele podem decorrer.

Neste caso, é importante considerar a importância e a sincronicidade das ações de compliance, a quantidade de envolvidos, os investimentos injetados nesta atividade e o tempo despendido para executar tais ações, consolidando toda uma atividade voltada para controles internos empresariais.

A afirmativa de que a extensão do dispositivo de lei é ilimitada ocorre não só pelo que coercitivamente se impõe, mas também pela cultura que desperta e desvela ao âmbito empresarial.

Em alguns países, como dito alhures, o compliance surgiu há mais tempo, buscando evitar desvios, abusos, corrupção e lavagem de dinheiro. Contudo, somente no ano de 2013, é que inseriu-se em dispositivo legal, no Brasil, por intermédio da Lei Anticorrupção, a necessidade e a real valorização de mecanismos de controles internos, assim sendo, o "estado de compliance".

Neste tocante, dispõe o art. 7º da Lei nº 12.846/2013:

> *Serão levados em consideração na aplicação das sanções: (...) VIII – a existência de mecanismos e procedimentos internos de integridade, auditoria e incentivo à denúncia de irregularidades e a aplicação efetiva de códigos de ética e de conduta no âmbito da pessoa jurídica;*

Logo, havendo identificação de irregularidades e atos ilícitos, no âmbito empresarial, havendo o ajuizamento da ação por parte do ente público lesado, ou do Ministério Público, havendo sentença condenatória, o juiz levará em consideração se havia, ao momento da prática lesiva, organismo de combate a práticas abusivas, de controles internos e prevenção de desvios, ou seja, um departamento de compliance, ou ao menos, programas de compliance.

O art. 5º da Lei nº 12.846/2013 traz as infrações tipificadas que seguem:

> *Art. 5º Constituem atos lesivos à administração pública, nacional ou estrangeira, para os fins desta Lei, todos aqueles praticados pelas pessoas jurídicas mencionadas no parágrafo único do art. 1º, que atentem contra o patrimônio público nacional ou estrangeiro, contra princípios da administração pública ou contra os compromissos internacionais assumidos pelo Brasil, assim definidos:*
> *I – prometer, oferecer ou dar, direta ou indiretamente, vantagem indevida a agente público, ou a terceira pessoa a ele relacionada;*
> *II – comprovadamente, financiar, custear, patrocinar*

*ou de qualquer modo subvencionar a prática dos atos ilícitos previstos nesta Lei;*

*III – comprovadamente, utilizar-se de interposta pessoa física ou jurídica para ocultar ou dissimular seus reais interesses ou a identidade dos beneficiários dos atos praticados;*

*IV – no tocante a licitações e contratos:*

*a) frustrar ou fraudar, mediante ajuste, combinação ou qualquer outro expediente, o caráter competitivo de procedimento licitatório público;*

*b) impedir, perturbar ou fraudar a realização de qualquer ato de procedimento licitatório público;*

*c) afastar ou procurar afastar licitante, por meio de fraude ou oferecimento de vantagem de qualquer tipo;*

*d) fraudar licitação pública ou contrato dela decorrente;*

*e) criar, de modo fraudulento ou irregular, pessoa jurídica para participar de licitação pública ou celebrar contrato administrativo;*

*f) obter vantagem ou benefício indevido, de modo fraudulento, de modificações ou prorrogações de contratos celebrados com a administração pública, sem autorização em lei, no ato convocatório da licitação pública ou nos respectivos instrumentos contratuais; ou*

*g) manipular ou fraudar o equilíbrio econômico-financeiro dos contratos celebrados com a administração pública;*

*V – dificultar atividade de investigação ou fiscalização de órgãos, entidades ou agentes públicos, ou intervir em sua atuação, inclusive no âmbito das agências reguladoras e dos órgãos de fiscalização do sistema financeiro nacional.*

Condutas como as acima descritas, além de gerarem a possibilidade de perdimento dos bens, suspensão ou interdição parcial de atividades, dissolução compulsória da pessoa jurídica, vedação ao recebimento de quaisquer incentivos, subvenções, subsídios, doações ou empréstimos de entes públicos, geram ainda, a inscrição da empresa no Cadastro Nacional de Empresas Punidas (CNEP).

O CNEP, órgão criado em âmbito federal, fará pública qualquer sanção aplicada à empresa condenada, além de acordos de leniência que porventura possam ter sido celebrados.

Não obstante a severidade das citadas sanções, há ainda de se considerar o fator responsabilidade objetiva, a qual independe de prova de culpa por parte da pessoa jurídica. Assim, uma vez provado o nexo de causalidade e o resultado da conduta tipificada, a responsabilidade será objetiva.

No que tange, entretanto à pessoa física responsável pela violação, incorrendo nas condutas tipificadas, a responsabilidade é subjetiva, ficando ainda sujeita às sanções administrativas e reparação do dano por meio de responsabilização civil.

**Compliance/Jurídica: mera utopia?**
Não obstante o impacto da lei supramencionada, razoável é se reconhecer a imperiosidade da inserção de um departamento de compliance no ambiente e na cultura empresarial.

Mais imperioso ainda, é ter um bem aparelhado departamento jurídico como forma de estar em conformidade com a legislação vigente.

Sem ainda desconsiderar as exposições e os aspectos demonstrativos das divergências das áreas de compliance e jurídico, a indagação que insiste em nos esbarrar é: Seria utópico cogitar integração de departamentos de compliance e jurídico?

A resposta para tal indagação surge por meio de recomendações doutrinárias no sentido de que, como apontam (COIMBRA et al., 2010), deve haver a distinção de ambos os departamentos, na medida em que a integração destes impede que haja a independência e a neutralidade necessárias ao exercício das funções de Compliance.

Ademais, para estes autores, há ainda outra questão que leva à necessária distinção departamental, como a formação destes profissionais, de modo que, no que tange à área de compliance, há peso na formação administrativa e em gestão para uma boa condução dos programas de compliance. Já no que toca o jurídico, imperiosa é a formação jurídica.

Destacam ainda, que o setor jurídico deve se submeter ao compliance não só no que corresponde à visão de empresa ou a questões éticas, mas principalmente nas questões relativas às investigações e sanções decorrentes de desvios.

Deste mesmo modo se posicionam Negrão e Pontelo (2014, p. 44) discorrendo que:

> *A atuação de compliance prioriza os riscos pertinentes de cada assunto, definindo os pontos de controle dos processos para mitigar os riscos. Além disso, está estruturada de forma independente de outras áreas da organização, para eliminar possíveis conflitos de interesses, focando na aplicação correta e fidedigna de ações na busca da conformidade.*

Logo, fica evidenciada a importância da distinção departamental de Compliance e Jurídico. Contudo, isto não significa que não possa haver integração do ponto de vista assessorial do departamento jurídico no departamento de compliance e muito menos significa que o que é doutrinariamente proposto ocorra na vida prática empresarial.

É, em verdade, extremamente comum encontrar empresas que cumulam as duas funções num só departamento, como bem explicitam Coimbra et al. (2010), submetendo-os aos mesmos graus de hierarquia, inclusive.

No que tange às similaridades entre os dois departamentos, tudo está conforme, porém, na contramão desta prática está o comprometimento das investigações, sanções e possíveis advertências ao mau uso das funções da máquina empresarial por parte de seus colaboradores.

Já do ponto de vista da assessoria jurídica ao departamento de compliance é perfeitamente aceitável se levarmos em consideração as questões pertinentes à formação dos profissionais da área de compliance. Estes profissionais da área administrativa são alheios à formação jurídica e, sob esta ótica há necessidade de, como mencionado alhures, uma quase simbiose entre as duas áreas de atuação aqui analisadas.

Tal simbiose não necessita estar vinculada à subordinação de um departamento a outro mas, sobretudo, necessita estar fundado na independência departamental para a consolidação dos objetivos empresariais em conformidade com o propósito e a missão empresarial.

Consolidadas as análises acerca das competências e âmbito de atuação das áreas de jurídico e Compliance e a importância de cada um destes setores para a efetiva concretização dos objetivos empresarias, a grande discussão que se impôs foi o paralelismo com relação à atuação de compliance e jurídico.

Delineou-se o conceito de compliance e sua abrangência de atuação, suas competências e linhas de ação, partindo da detecção de riscos inerentes à atividade empresarial, da análise destes riscos e posterior planejamento de estratégias com vistas à resolução de problemas, numa conduta de caráter eminentemente preventivo.

Ainda assim, destacou-se o caráter ético da atuação do Departamento de Compliance, que deve propor códigos de conduta, elaboração de normas e a devida fiscalização empresarial, ressaltando-se que esta fiscalização deve ser exercida não apenas pelo profissional de compliance, mas por todos os envolvidos da empresa. Não nos esquecendo de seu marcante conservadorismo que chega até mesmo a inviabilizar negócios que possam divergir da visão da empresa.

Em contrapartida, colocou-se em pauta a importância da atuação jurídica para manter a conformidade com as normas vigentes, atuar em defesa dos interesses empresariais, tanto em litígios existentes quanto na prevenção de novos conflitos, partindo do já mencionado pressuposto de conformidade, e ainda, fundamentalmente seu caráter flexibilizador, como ponto sensível de divergência com o compliance.

Por tudo o que fora exposto e analisado ao longo deste labor, opta-se pela recomendação doutrinária, no sentido de que há necessidade de distinguir, separar, destacar os departamentos de jurídico e Compliance.

Acertadamente, devem ser distintos e não subordinado o departamento de compliance ao departamento jurídico, posto haverem interesses demasiadamente conflitantes e competências que podem ser exercidas negativamente sob influências de outros departamentos.

Em meio a tais demonstrações de interferências, não há como desconsiderar as implicações que as falhas decorrentes de condutas de membros da empresa possam gerar, especialmente com o advento da Lei Anticorrupção, que resultam em desastrosos impactos empresarias, como perdimento de bens e, em especial, a inscrição do nome empresarial no Cadastro Nacional de Empresas Punidas (CNEP), resultado este que impediria qualquer tentativa de recomeço com o mesmo nome empresarial; Isto se pensarmos no abalo de nomes de empresas gigantes que poderiam ter sua reputação e visibilidade completamente comprometidas no mercado.

Assim, o Compliance deve estar envolvido em todas as práticas organizacionais, com o escopo de conduzir, orientar, conscientizar, disponibilizar normas e práticas de conduta convergentes com a visão organizacional, de modo que sua fiscalização acerca do cumprimento de tais normas e práticas seja efetiva e consistente, impactando de modo efetivo não apenas a organização em si, mas sublimemente, a visão gerada no mercado, em decorrência de uma reputação impecável e de condutas éticas atrativas aos clientes, o que gera perspectiva de ganho, integridade e credibilidade.

Neste tocante, Coimbra (2010) bem ressalta que nunca antes fora exigido tanto das organizações o que hoje se exige em termos de integridade e responsabilidade de condutas.

Entretanto, mais importante do que pensar em paralelo no que concerne às duas áreas, é salientar a necessidade de sincronismo empresarial, de modo que o principal foco não esteja apenas na distinção departamental, mas sim na atuação independente, porém interligada como meio de se atingir os objetivos empresariais.

A questão hierárquica que se impõe, acerca de compliance sobre o jurídico, restringe-se ao âmbito de atuação de compliance, não devendo incidir, neste aspecto, questões de ordem pessoal ou conceitual subjetiva.

Não se deve encarar a submissão de um departamento a outro como uma disputa por poder ou hierarquia empresarial, mas focalizar no objetivo empresarial, envidando todos os esforços no sentido de viabilizar o sucesso e demonstrar o real comprometimento, tanto dos profissionais de compliance quanto dos profissionais da área jurídica, concretizando o bom andamento da empresa.

Derradeiramente, o paralelismo entre jurídico e compliance deve levar em conta a necessidade de separação de departamentos, a independência e autonomia de atuação do setor de compliance no que diz respeito às investigações e à aplicação de sanções, ainda que em esferas mais elevadas da administração, mas deve também, contudo, considerar a relevância de uma atuação conjunta com o jurídico, na medida em que aqueles profissionais são alheios à formação jurídica e que, a conformidade com as normas vigentes é imperiosa para o bom andamento e, fundamentalmente, o sucesso empresarial.

A ética empresarial é o conjunto de valores que regem uma empresa e formam uma filosofia organizacional. Essa filosofia possui princípios orientadores das ações dos funcionários, da tomada de decisões pela alta administração e das relações da empresa com seus diversos públicos.

O objetivo da ética empresarial é influenciar a estratégia, a estrutura, as decisões e as mais diversas operações da empresa.

Uma empresa ética leva em consideração os interesses dos seus públicos de interesse (clientes, fornecedores, funcionários, etc), não apenas seus próprios interesses.

Confiança leva anos para ser conquistada e horas para ser perdida.

**Vantagens da Ética Empresarial:**
1. Empresa ética é preferida por consumidores críticos.
2. Aumento da satisfação, do comprometimento e do rendimento final dos funcionários.
3. Menor risco e prejuízo financeiro relacionado a condutas antiéticas de funcionários (fraudes).
4. Atração e retenção de talentos.
5. Sentimento de pertencimento a uma comunidade, com valores e fins próprios, eleva o compromisso dos funcionários com as metas da empresa.
6. Diminuição de conflitos éticos com fornecedores e facilitação na celebração de boas parcerias.
7. Aumento do valor das ações nas empresas de capital aberto;
8. Diminuição de riscos relacionados a criação de problemas jurídicos e processos judiciais.

Michele Jora de Vargas e Arilo Barroso Alcantara Filho nos dizem que a capacidade humana de subverter a ética é tão surpreendente que o que deveria ser uma questão de consciência tornou-se negócio. A recente discussão sobre o compliance no Brasil ganha cada vez mais urgência neste nosso cenário de desolação moral. Em tempos de Lava Jato e responsabilização criminal de agentes públicos é imperiosa a reflexão acerca dos mecanismos de controle e prevenção da corrupção também nos ambientes privados. Tanto a doutrina quanto a jurisprudência sobre o compliance ainda são embrionárias no País e poucos se arriscam a enfrentar o assunto.

Mas nunca é demais lembrar que a inobservância das políticas de controle pode implicar responsabilização penal das empresas e de seus dirigentes. Neste sentido, o criminal compliance vem fechando seu cerco. Entende que o empresário omisso quanto à implantação de políticas de controle será responsabilizado como se tivesse agido ilicitamente.

No âmbito administrativo, a Lei nº 12.846/2013, além da aplicação de multa, obriga as pessoas jurídicas a publicar extraordinariamente a decisão condenatória, o que afeta tanto as suas finanças quanto a sua imagem. E a responsabilização na esfera administrativa não afasta possíveis implicações judiciais, com consequências graves.

Há que se salientar ainda que a adoção de programas de compliance não eximem, por si só, a empresa ou seu corpo diretivo de eventual responsabilização. É preciso comprovar a efetividade das ações de integridade e a adoção de medidas preventivas ao fato ilícito.

Somente uma efetiva política de boa governança poderá mitigar ou até mesmo afastar possíveis complicações do ambiente empresarial. Se fomos obrigados a transformar a ética em negócio, é porque ainda precisamos evoluir muito em termos de consciência.

Até lá, o compliance não pode ser ignorado.

Fonte: *Jornal do Comércio*

GOVERNANÇA

Consiste no bom "governo" da empresa Princípio da transparência, equidade, prestação de contas e conformidade com normas Responsabilidade corporativa.

Assim como o conceito e a mentalidade da governança corporativa não nasceram nem com a legislação norte-americana denominada Sarbanes-Oxley (SarbOx ou Sox) e nem com o Novo Mercado brasileiro, sendo bem anterior a eles, o "Compliance" (ou Conformidade) não deriva unicamente da legislação norte-americana FCPA (*Foreign Corruption Practice Act*) e nem nasceu apenas de pressões da OCDE ou da Lei Anticorrupção brasileira (recentemente regulamentada pelo decreto presidencial).

São conceitos e mentalidades de gestão empresarial que geram valor, que aumentam a segurança e a qualidade das decisões e das práticas empresariais, num mundo cada vez mais competitivo e desafiador, especialmente no caso brasileiro – e em momentos de economia combalida.

Tanto a Governança Corporativa quanto a Conformidade são benefícios empresariais fundamentais, que colaboram muitíssimo para o aumento da competitividade e da rentabilidade, aliando boas práticas, organização, métodos, disciplina, ética e procedimentos que ajudam ainda a segurança jurídica.

Em operações de avaliação de empresas, bem como de possíveis aquisições ou parcerias, são alguns dos primeiros pontos considerados pelos investidores, que buscam alguma segurança e que reconhecem que esses procedimentos geram e mantêm valor.

Pesquisas importantes ao longo do tempo e ao redor do mundo comprovam que empresas com boas práticas de Governança Corporativa e com programas de "Compliance" eficientes, criam e mantêm muito mais qualidade nas suas operações, têm maior credibilidade, conseguem atrair mais investidores, obtêm melhores taxas de financiamento, crescem mais e melhor, e são mais admiradas e sustentáveis.

Governança e "Compliance" são investimentos em uma nova e melhor forma de se fazer e administrar negócios e empresas.

O Brasil "descobriu" a Governança Corporativa há pouquíssimo tempo, na virada do milênio, e ainda está aprendendo a lidar com esse conceito na prática, uma vez que a despeito dos avanços que já observamos em diversos estatutos e contratos sociais, bem como em diretorias e em conselhos, infelizmente ainda percebemos desmandos e desrespeito aos *"stakeholders"* como no caso da Petrobras.

Governança Corporativa e "Compliance" não são e nem podem ser encarados como modismos, ou como mera decorrência de leis; ou mesmo reações simplistas e casuístas a escândalos como os famosos casos da Enron e da WorldCom, na primeira hipótese, ou da Siemens e da Petrobras na segunda. Estes conceitos são e devem ser considerados modernos, importantes e eficientes mecanismos de melhoria de fluxos, de processos, de procedimentos e de condutas empresariais.

E são conceitos que não podem existir apenas "no papel", como vimos recentemente no Brasil nos escândalos do famoso "Grupo X", desmantelado ruidosamente, arrastando grande parte do capital investido nas bolsas de valores – como ocorre agora com empresas de alguma forma ligadas à chamada "Operação Lava-Jato".

Engana-se muito quem acredita que não precisa de boas práticas de governança e de "conformidade", ou quem pensa que são conceitos apenas para empresas muito grandes. Todas as empresas precisam disso e podem ser beneficiadas.

É importantíssimo que os nossos empresários percebem e entendam o que são e para que servem esses conceitos e as ferramentas que os integram, para que utilizem as melhores práticas a favor de seus negócios e de suas empresas, da rentabilidade e da competitividade, do crescimento e da sustentabilidade.

O tempo, a energia e o dinheiro empregados nesses programas e nessa nova mentalidade rendem frutos enormes e geram sustentabilidade empresarial.

O tema da moda (e que não pode ser visto dessa forma) é o "Compliance", ou em melhor português a "Conformidade", que precisa ser efetivamente entendido e vivido pelas empresas (de todos os portes e tamanhos, de todos os segmentos e de todos os formatos), pelo bem delas mesmas.

O próprio conceito de Conformidade nos leva intuitivamente a perceber que para estar em conformidade é importante saber em relação a que essa dita conformidade é necessária e desejada.

Estar em conformidade com algo nos exige o conceito de parâmetro, para que em relação a ele se avalie uma determinada conduta ou situação, fazendo-nos refletir, então, sobre o necessário mapeamento de riscos e de atividades, de condutas e de práticas – para que seja possível conhecer mais e melhor os procedimentos e os processos de tomada de decisão e de implantação de estratégicas e de negócios.

Um programa de "Conformidade" pode começar de maneira bem simples e prática, com o mapeamento das atividades da empresa (inteira ou de alguns de seus departamentos ou unidades) e a identificação de pontos ou práticas sensíveis e de maior risco, onde seja necessário estabelecer critérios e procedimentos, definir normas, e na sequência estabelecer formas de se divulgar essas normas e de acompanhar a sua observância – bem como criar mecanismo de aferição da realidade, de investigação, de recebimento de denúncias e de remédios adequados em casos de abuso.

Além de ser primordialmente um instrumento fundamental de gestão, o "Compliance" está ganhando importância prática também em função dos recentes acontecimentos no país, e do reconhecimento de que é preciso controlar mais e melhor o que acontece nas empresas. É ainda importantíssimo saber que quando erros e abusos ocorrerem e a empresa for convocada a prestar esclarecimentos às autoridades e/ou for objeto de investigação, a existência de programa efetivo de Compliance poderá ser considerada como atenuante de punibilidade, salvando a empresa de fracassos reputacionais, financeiros e até mesmo da quebra.

Atualmente as multas e as penalidades a que estão sujeitas as empresas brasileiras são pesadíssimas e podem destruir empreendimentos de toda uma vida.

Uma maneira simples, rápida e fácil para a instituição de um programa desse tipo é mapear atividades, rotinas, fluxos e condutas e estabelecer uma normatização dos casos mais sensíveis e críticos – mas o "pontapé inicial" pode ser ainda mais simples, com a revisão dos contratos firmados pela empresa, incluindo e fazendo deles constar clausulas básicas, mas importantíssimas – que o seu departamento jurídico (quando existente), com a ajuda do seu escritório de advocacia empresarial (ou apenas deste se a sua empresa não dispuser de uma equipe própria e interna de Compliance), poderá elaborar.

O momento é delicado e sensível, e as empresas precisam estar preparadas para essa reação, em busca de maior proteção, maior segurança e maior competitividade, sustentabilidade e rentabilidade.

Adoção da boa governança por necessidades e/ou interesses variados: exigências econômicas, jurídicas e regulatórias, tripé governança corporativa, gestão de risco e compliance para garantir o seu bom funcionamento, reduzindo riscos regulatórios. Setores econômicos com menor regulação buscam a governança por motivos de competição no seu mercado de atuação e geram valor para a marca de sua empresa. Escândalos corporativos recentes: Enron, Parmalat, Worldcom evidenciam a necessidade de transparência, estruturas sólidas de gerenciamento de riscos e atuação ética dos executivos.

Não basta adotar os melhores padrões de governança e criar as estruturas e órgãos adequados, é preciso que a empresa se comporte efetivamente segundo esses padrões

**Relação entre Governança e Compliance**

A boa governança exige transparência, harmonia com os melhores padrões éticos e conformidade com normas internas e externas.

O cumprimento de normas é indispensável para relações de equidade entre a empresa e seus *stakeholders,* e para o comportamento responsável da empresa e de seus dirigentes.

Através da governança, busca-se ainda mitigar os riscos decorrentes dos interesses divergentes da alta gestão em relação aos interesses da empresa.

O compliance pode ser considerado como um dos pilares da governança corporativa devido ao fortalecimento do respeito a normas e políticas, bem como a mitigação de riscos.

A empresa em compliance preserva a sua imagem, o que reduz a possibilidade de danos à reputação.

A empresa deve atribuir a cada colaborador a obrigação individual de respeitar as normas e contribuir para a preservação da corporação.

COMPLIANCE
Fortalecimento do respeito a normas e políticas internas. Mitigação de riscos.

Cultura de Compliance e ética nos negócios.

Compliance disseminado na estrutura organizacional: obrigação individual de cada colaborador em respeitar as normas e contribuir para a preservação da corporação.

Processo contínuo e sistêmico de lidar, prevenir ou mitigar qualquer risco.

Treinamentos específicos.

Aplicabilidade do Compliance.

Leis cíveis, trabalhistas, ambientais, criminais, direito do consumidor etc.

Normas regulatórias do setor econômico.

Convenções Internacionais.

Princípios Éticos e de Normas de Conduta.
Contratos.
Políticas Internas.
Procedimentos e Controles Internos.

Relações com Associações de Classe e importantes participantes do mercado – criação de mecanismos renovados de revisão de regras de mercado, legislação e regulamentação pertinentes, em linha com as necessidades dos negócios, visando a integridade e credibilidade do mercado.

Resultados de uma boa governança associada ao compliance e sustentabilidade. Maior eficiência na gestão e desempenho da empresa. Geração de valor para a imagem da companhia. Integridade na conduta da empresa sob os aspectos éticos, contábil-financeiro e normativo. Transparência relacionada à divulgação clara e precisa das informações relevantes sobre o desempenho econômico-financeiro. Responsabilidade corporativa. Maior controle interno e externo das atividades empresariais. Maior atenção com a responsabilidade corporativa no que diz respeito às políticas e práticas sociais, ambientais, de segurança do trabalho e de saúde, dentre outras, que a longo prazo colaboram para a perenidade do negócio. Ganho de imagem. Benefícios trazidos ao seu setor de atuação e à sociedade como um todo.

Viver em sociedade é algo que requer bastante esforço e flexibilidade por parte de cada um de nós, para que tudo dê certo e caminhe de acordo com o planejado. Isso porque cada indivíduo tem a sua própria forma de pensar, agir, tomar decisões, entre outros fatores, o que, muitas vezes, traz algumas dificuldades à convivência social conforme conhecemos atualmente.

Estas diferenças de pensamento e também culturais, precisam ser levadas em consideração no dia a dia, no contato que tivermos com quaisquer tipos de pessoas em nossa convivência, pois somente assim conseguiremos seguir as regras e princípios morais e éticos, o que vai contribuir significativamente para que haja ainda mais respeito entre todos os indivíduos que compõem a sociedade.

Nas empresas esta realidade e não é nem deve ser diferente. As pessoas que fazem parte do ambiente empresarial, sejam empresários, empreendedores, líderes, gestores e demais colaboradores, precisam agir com ética, para que assim tudo o que cada um se propõe a fazer tenha o efeito positivo esperado.

Diante disso, hoje vou abordar um assunto que vai contribuir bastante para que os resultados dentro de uma empresa sejam alcançados com maestria, que é a ética empresarial e profissional. Acompanhe-me nesta leitura e saiba do que se trata cada um destes conceitos e como eles podem ser aplicados no dia a dia dentro de uma empresa.

### O que é ética?

Primeiro, antes de falarmos sobre este conceito aplicado especificamente ao ambiente empresarial, acho importante saber, de fato, mais sobre o conceito mais amplo, entendendo melhor o que significa ética de uma maneira geral. O termo ética vem do grego *ethos,* que diz respeito àquilo que faz parte do caráter humano e direciona o seu comportamento, ou seja, são basicamente regras e normas criadas para que a convivência social seja mais respeitosa e harmônica ao mesmo tempo. Assim, o seu significado varia conforme muda o contexto social, cultural e econômico.

No mundo corporativo, ela está presente como definição de ética profissional e empresarial. A primeira está ligada ao conjunto de normas que formam a consciência do colaborador, enquanto a segunda relaciona-se diretamente com o comportamento e valores da empresa e sua atuação dentro da sociedade.

As empresas são feitas de pessoas para pessoas, por isso, o seu sucesso depende diretamente do bom relacionamento entre aqueles que as compõem. A interação entre líderes, colaboradores, fornecedores, clientes e sociedade deve ser baseada em princípios éticos que garantam o respeito e a confiança de todas as partes envolvidas.

### Definindo ética empresarial e profissional

Já que agora compreendemos melhor o conceito de ética, vamos afunilar ainda mais nossos conhecimentos, entendendo mais sobre a ética empresarial e profissional, bem como suas aplicações e implicações no dia a dia dentro e fora de uma empresa.

**Conceito de ética empresarial**

A ética empresarial envolve os valores de uma empresa e seus princípios morais dentro da sociedade. Esse conceito é fundamental para uma organização que pretende construir uma boa imagem perante seus clientes internos e externos, parceiros e concorrentes. Nesse sentido, uma empresa ética é aquela que pratica os preceitos coletivos e se preocupa com as demandas da população, tendo sua conduta orientada pela responsabilidade social e ambiental.

Prezar pela ética empresarial é importante para qualquer empresa, independentemente do seu porte, ou se é do setor público ou privado. Ao demonstrar que é uma organização transparente, esta será reconhecida por todos pela sua credibilidade e responsabilidade. Assim, essa postura ajudará a companhia a ser apontada como referência no mercado, atraindo clientes, investidores e bons profissionais.

A ética empresarial deve estar presente nas atividades internas e externas de uma organização, sendo que as empresas devem prezar pela boa conduta de todos os seus funcionários. Quando o relacionamento interpessoal é baseado em atitudes e valores positivos, há a construção de um ambiente de trabalho agradável para todos, já que os colaboradores passam a respeitar as regras e normas da organização e ficam mais abertos a cooperar uns com os outros.

Todos esses fatores influenciam no aumento da produtividade.

Mas, em nenhum outro campo a ética empresarial está tão envolvida quanto na obtenção do lucro. Ter uma boa rentabilidade é objetivo de praticamente todas as organizações, mas os ganhos devem ser baseados em um trabalho honesto e que satisfaça as necessidades dos clientes, sem prejudicar as pessoas ou o meio ambiente.

Além das atitudes morais que devem nortear todas as suas atividades, a empresa pode demonstrar que é ética a sociedade por meio de ações que promovam o bem-estar da comunidade em que está inserida ou que ajudem a preservar o meio ambiente. Esse senso de responsabilidade social e ambiental revela que a companhia não está alienada aos problemas que a rodeiam e se interessa em contribuir para combatê-los. Iniciativas empresariais, como programas que beneficiam a população em geral e de sustentabilidade são alguns exemplos disso.

**Definição de ética profissional**
A definição de ética profissional, por sua vez, está associada a um conjunto de preceitos éticos e morais que guiam as atitudes e ações de colaboradores e determinam os princípios em que devem pautar sua conduta durante o exercício da profissão.

Ter uma postura ética como profissional é cumprir as suas obrigações de acordo com os princípios determinados pelo seu grupo de trabalho, ou seja, cada categoria profissional tem seu próprio Código de Ética, um conjunto de normas elaboradas pelos Conselhos que representam e fiscalizam cada área de atuação. Para obter o diploma, o recém-formado precisa fazer um juramento de que seguirá todas essas normas durante toda a sua carreira.

Apesar disso, muitos elementos se repetem em Códigos de Ética de variadas profissões. Em sua maioria, são princípios universais, que buscam valorizar as pessoas com as quais o profissional se relacionará ao desempenhar suas atividades. Entre eles estão: honestidade, responsabilidade, competência, respeito, entre muitos outros.

**Ética como diferencial competitivo**
Em tempos em que os valores humanos estão cada vez mais sendo colocados de lado em nome de maiores lucros, a ética no ambiente corporativo tem se tornado um grande diferencial competitivo. Isso porque

as empresas referências de boa conduta no mercado conseguem agregar valor à sua marca e imagem e usufruem de maior credibilidade ao pautar suas ações em princípios éticos socioambientais, principalmente.

Já os profissionais que têm uma conduta ética destacam-se por ajudarem a construir bom relacionamento interpessoal em seu ambiente de trabalho, uma vez que sabem assumir seus erros e têm uma postura flexível, tolerante e humilde com seus colegas. Por isso, são muito procurados no mercado e fazem um bom *networking*.

Antes de tudo, é sempre bom compreender a ética empresarial e a profissional como formas de manter a consciência positiva ao exercer suas atividades sem prejudicar os demais ao seu redor. Esse fator é indispensável para o nosso desenvolvimento enquanto seres e empresas em constante evolução. Sendo assim, para que tenhamos resultados cada vez mais expressivos e alcancemos o sucesso, tanto empresarial, quanto em nossas carreiras, é importante pensarmos e agirmos de forma ética antes de tudo.

E você, já conhecia a definição de ética profissional e empresarial e sabia distinguir os dois conceitos? Conte-me mais sobre a sua experiência nos comentários e lembre-se sempre de compartilhar o artigo com seus amigos, em suas redes sociais!

O código de ética empresarial é um instrumento que serve para demonstrar os princípios, a visão e a missão de uma empresa. Através dele conhece-se a postura social da instituição diante do público com quem interage.

A partir do código de ética de uma empresa é possível avaliar sua função no mercado e o que ela procura nos seus funcionários. Seus artigos são baseados nas leis do país, geralmente tratam das relações internas e com o consumidor, proteção aos direitos trabalhistas e repúdio a práticas ilegais como corrupção, assédio sexual ou moral, entre outros temas vigentes. O código pode se referir a conduta social da empresa, explicitando sua contribuição para a comunidade e com o governo. Essas ações podem dar a ideia do posicionamento da empresa, fator de identificação com funcionários e clientes.

**Vantagens da Aplicação de um Código de Ética**

– O código de ética possibilita muitas vantagens para a empresa.

– Fortalece a imagem da instituição (privada, pública ou ONG) perante a comunidade;

– Pode aproximar os diversos profissionais da organização, pois eles também precisam participar da preparação do código.

– Pode ser um excelente instrumento para solucionar possíveis conflitos e problemas internos.

– Auxilia na ordem e transparência da imagem da empresa, pois proporciona mais coerência, já que está tudo documentado.

– Traduz a conduta moral da formação da empresa e a maneira que ela é conduzida.

– Implica na melhoria da relação entre clientes, funcionários, fornecedores e até governo.

A partir do momento em que uma empresa toma uma postura ética, ela se compromete voluntariamente para seu desenvolvimento e também com o da sociedade. Assim, é preciso que a ética seja praticada, caso contrário, será apenas um marketing para promover a empresa no mercado.

**Descumprimento do Código de Ética**

Um grande dilema no ambiente corporativo é quando um empregado/empregador precisa decidir ou resolver um problema e dependendo de sua decisão poderá gerar consequências, tanto para a empresa, quanto para sua vida. Um exemplo bem comum é a corrupção. Certa vez um chefe pediu para que um funcionário de confiança levasse uma maleta com uma quantia alta de dinheiro para o cofre da empresa. Mas esse funcionário percebeu que não teria problema se ele pegasse um pouco para ajudar sua família. Nessa situação cabem algumas perguntas:

1. De acordo com o código de ética da empresa, será que eles apoiariam essa decisão?

2. Essa seria a decisão mais correta?
3. Indicaria essa decisão para outras pessoas?
4. Qual seria o resultado dessa decisão para a minha imagem dentro da empresa?
5. O que a minha família pensaria disso?

Diante da sociedade, essa situação é considerada incorreta, pois o funcionário estaria usufruindo de algo que não é seu e como consequência, ele poderia sofrer uma pena gravíssima. Para descumprimento do código de ética de uma empresa, os funcionários podem ser advertidos verbalmente ou por escrito e, dependendo do caso, suspensos, presos ou desligados do quadro de funcionários.

O código de ética auxilia na resolução desses problemas e não somente isso, mas para as empresas, representa a importância dada ao meio ambiente e também à sociedade. Em seu conteúdo são tratados temas como:

♦ Princípios e Valores, Missão e Visão da Empresa;

♦ Princípios Éticos Princípios gerais de justiça e equidade;

♦ Gestão da Sustentabilidade;

♦ Normas e padrões para o comportamento na empresa e de seus funcionários;

♦ Penalizações com relação ao descumprimento do código;

♦ Ações de atuação para os órgãos de controle etc.

Assim, o código não seria o mesmo que regimento interno, mas uma extensão do contrato de trabalho, em que o funcionário se compromete a cumprir as regras da empresa. O regimento interno é um conjunto de normas que auxiliam a empresa na regulação de seu funcionamento.

CAPÍTULO 10

Compliance Jurídico

O termo compliance vem do verbo em inglês *"to comply"*, que significa "cumprir, executar, satisfazer, realizar o que lhe foi imposto", ou seja, compliance é estar em conformidade, é o dever de cumprir e fiscalizar o cumprimento de regulamentos internos e externos impostos às atividades da instituição.

Na rotina empresarial da pequena e média empresa, o compliance jurídico norteia as práticas rotineiras. Por exemplo, no caso de uma empresa enfrentar frequentes problemas com seus funcionários (falta de regras claras referentes a infrações de adiantamentos, tolerância a atraso, comportamento no ambiente de trabalho, uniforme e código de vestimenta etc.), a solução do impasse pode ser a elaboração de um estatuto interno, debatido com todos os envolvidos e que irá disciplinar os comportamentos admitidos e esperados pela empresa de seus funcionários, evitando conflitos entre as partes.

Quando se trata de gestão empresarial e corporativa, "Compliance" refere-se à empresa que obedece todas as leis e regulamentos legais em relação à forma como administra o negócio, seus funcionários e seu tratamento para com seus consumidores. O conceito de Compliance é garantir que as empresas atuem de forma responsável. Mas, afinal, por que isso é importante em um negócio?

**1. Evitar processos judiciais**

Esse talvez seja o maior benefícios de Compliance em uma empresa. Nenhum negócio quer enfrentar processos judiciais por não cumprir a lei. Existem tantos regulamentos e leis diferentes em relação a como uma empresa deve gerenciar sua equipe. Regras sobre negociação com os clientes, salários dos funcionários, regras de segurança e tantas outras. Com um plano de Compliance adequado, a empresa pode permanecer sempre à luz da lei.

Para uma organização se adequar a todos os requisitos de Compliance, é importante ter duas coisas em mente. Primeiro, uma equipe de Compliance fomentada pelo Departamento Jurídico da empresa. É esse departamento que irá monitorar todas as diretrizes, questões, casos e projetos de Compliance.

Em segundo lugar, a empresa deve ter um "kit de Compliance". Esse kit inclui, entre outras coisas, programas e bancos de dados que vão armazenar digitalmente todas as informações e ajudarão a auditar processos judiciais, fatores de gerenciamento de risco de conformidade, gerenciamento de desempenho, entre outros.

## 2. Construir uma reputação positiva

O sucesso do qualquer negócio depende muito da sua imagem pública. Quando uma empresa começa a enfrentar vários processos judiciais, o público acaba perdendo sua confiança na empresa e as vendas de produtos ou serviços fatalmente irão cair.

Compliance garantirá que a empresa possa manter uma imagem positiva, criando a confiança no consumidor. Ainda ajuda a aumentar a fidelidade dos consumidores, uma vez que os clientes provavelmente irão retornar a um serviço ou produto de uma empresa que eles identifiquem como confiável.

Também auxilia a organização a ter bom relacionamento com patrocinadores, anunciantes e órgãos governamentais. Um negócio que cumpre à risca normas e regulamentos e, além disso, faz o gerenciamento de Compliance corporativo de maneira eficaz, geralmente, tem mais facilidade para fechar novos negócios. Esse departamento também evita incidentes como processos judiciais individuais antes de se tornar uma preocupação pública.

A conceituação de consumidor, segundo Filomeno (2001, p. 32), é apoiada em três pontos de vista, que se encontram elencados em sua renomada obra, que passo a expor adiante:

> (...)sob o ponto de vista econômico, consumidor é con-

*siderado todo indivíduo que se faz destinatário da produção de bens, seja ele ou não adquirente, e seja ou não, a seu turno, também produtor de outros bens.*

*Do ponto de vista psicológico, considera-se consumidor o sujeito sobre o qual se estudam as reações a fim de se individualizar os critérios para a produção e as motivações internas que o levam ao consumo. Nesse aspecto, pois, perscruta-se das circunstâncias subjetivas que levam determinado indivíduo ou grupo de indivíduos a ter preferência por este ou aquele tipo de produto ou serviço.*

*Já do ponto de vista sociológico é considerado consumidor qualquer indivíduo que frui ou se utiliza de bens e serviços, mas pertencente a uma determinada categoria ou classe social.*

Segundo a teoria maximalista, consumidor é aquele que retirou o produto da cadeia produtiva, pouco se importando com o destinatário final do mesmo. Assim, segundo essa teoria a conceituação de consumidor é bastante ampla, e não tem a finalidade de verificar a utilização a ser dada pelo destinatário fático, ou seja, aquele que retira o produto da cadeia produtiva, pouco se importando se o objetivo foi ou não lucrativo. Conforme se pode observar o Superior Tribunal de Justiça já adotou a teoria acima, quando do julgamento do REsp nº 488.274 assim se posicionou:

*Recurso Especial. Código de Defesa do Consumidor. Prestação de serviços. Destinatário final. Juízo competente. Foro de eleição. Domicílio do autor. – Insere-se no conceito de "destinatário final" a empresa que se utiliza dos serviços prestados por outra, na hipótese em que se utilizou de tais serviços em benefício próprio, não os transformando para prosseguir na sua cadeia produtiva. – Estando a relação jurídica sujeita ao CDC, deve ser afastada a cláusula que prevê o foro de eleição diverso do domicílio do consumidor. – Recurso especial conhecido e provido* (STJ , Rel.ª: Min.ª Nancy Andrighi, data de julgamento: 22/05/2003, T3 – Terceira Turma).

O Superior Tribunal de Justiça abriu precedentes quando não abraçou a conceituação de destinatário final econômico como determinante para a caracterização de relação de consumo. Nesse sentido a Ministra Nancy Andrighi dispõe: "a aplicação do CDC municia o consumidor de mecanismos que conferem equilíbrio e transparência às relações de consumo, notadamente em face de sua situação de vulnerabilidade frente ao fornecedor", entendendo que esses devem ser os fatores a ser considerados para decidir sobre a abrangência do conceito de consumidor.

A caracterização e a conceituação de consumidor mencionadas pode ser observadas quando do julgamento do REsp nº 716.877, ementa abaixo:

> *EMENTA: Processo civil e Consumidor. Rescisão contratual cumulada com indenização. Fabricante. Adquirente. Freteiro. Hipossuficiência. Relação de consumo. Vulnerabilidade. Inversão do ônus probatório. – Consumidor é a pessoa física ou jurídica que adquire produto como destinatário final econômico, usufruindo do produto ou do serviço em benefício próprio. – Excepcionalmente, o profissional freteiro, adquirente de caminhão zero quilômetro, que assevera conter defeito, também poderá ser considerado consumidor, quando a vulnerabilidade estiver caracterizada por alguma hipossuficiência quer fática, técnica ou econômica. – Nesta hipótese esta justificada a aplicação das regras de proteção ao consumidor, notadamente a concessão do benefício processual da inversão do ônus da prova. Recurso especial provido* (STJ, Rel.ª Min.ª Nancy Andrighi, data de julgamento: 10/02/2009, T3 – Terceira Turma).

Observa-se da simples leitura da ementa acima que para que a caracterização do postulante como consumidor fosse deferida, fora necessário atender outros requisitos além de ser destinatário final do produto, quais seja, vulnerabilidade e hipossuficiência. O Ministro Ari Pargendler no mesmo julgamento assim se pronunciou:

> *Uma pessoa jurídica de vulto que explore a prestação de serviços de transporte tem condições de reger seus negócios com os fornecedores de caminhões pelas regras do Código Civil. Já o pequeno caminhoneiro, que dirige o único caminhão para prestar serviços que lhe possibilitarão sua mantença e a da família, deve ter uma proteção especial, aquela proporcionada pelo Código de Defesa do Consumidor.*

O Código de Defesa do Consumidor, reconhecendo o consumidor como a parte mais frágil na relação de consumo, consagrou o princípio da vulnerabilidade em conformidade com a Resolução da ONU 39/248 de 1985, que estabeleceu em seu art. 1º que o consumidor é a parte mais fraca, denotando, então, tal reconhecimento em âmbito mundial.

De acordo com Claudia Lima Marques (1992, p. 67), a definição de consumidor que se encontra respaldada na jurisprudência nacional é a concepção da teoria finalista:

> *Para os finalistas, pioneiros do consumeirismo, a definição de consumidor é o pilar que sustenta a tutela especial, agora concedida aos consumidores. Esta tutela só existe porque o consumidor é a parte vulnerável nas relações contratuais no mercado, como afirma o próprio CDC no art. 4º, I. Logo, convém delimitar claramente quem merece esta tutela e quem não a necessita, quem é o consumidor e quem não é. Propõem, então, que se interprete a expressão "destinatário final" do art. 2º de maneira restrita, como requerem os princípios básicos do CDC, expostos nos arts. 4º e 6º.*

Filomeno (2001, p. 32) corrobora tal entendimento:

> *(...) consumidor é a parte vulnerável técnica e financeiramente, que, não dispondo, por si só, de controle sobre a produção de bens de consumo ou prestação de serviços que lhe são destinados, arrisca-se a submeter-se ao poder e condições dos produtores daqueles mesmos bens e serviços.*

A Teoria finalista considera destinatário final aquele que dá uma destinação de fato e com finalidade de lucro ao produto, ou seja, aquele que retira o produto da carreira produtiva e não mais o envolve em uma relação negocial, ou seja, o produto é consumido para uso próprio e não é destinado a qualquer outro beneficiamento posterior. A teoria finalista pura retira do conceito de consumidor a relação existente entre dois profissionais.

Essa teoria fora predominante quando dos julgados mais recentes do Superior Tribunal de Justiça, conforme ementa abaixo:

> *RESPONSABILIDADE CIVIL. CONCESSIONÁRIA DE TELEFONIA. SERVIÇO PÚBLICO. INTERRUPÇÃO. INCÊNDIO NÃO CRIMINOSO. DANOS MATERIAIS. EMPRESA PROVEDORA DE ACESSO À INTERNET. CONSUMIDORA INTERMEDIÁRIA. INEXISTÊNCIA DE RELAÇÃO DE CONSUMO. RESPONSABILIDADE OBJETIVA CONFIGURADA. CASO FORTUITO. EXCLUDENTE NÃO CARACTERIZADA. ESCOPO DE PACIFICAÇÃO SOCIAL DO PROCESSO. RECURSO NÃO CONHECIDO.*
>
> *1. No que tange à definição de consumidor, a Segunda Seção desta Corte, ao julgar, aos 10/11/2004, o REsp nº 541.867/BA, perfilhou-se à orientação doutrinária finalista ou subjetiva, de sorte que, de regra, o consumidor intermediário, por adquirir produto ou usufruir de serviço com o fim de, direta ou indiretamente, dinamizar ou instrumentalizar seu próprio negócio lucrativo, não se enquadra na defini-*

*ção constante no art. 2º do CDC. Denota-se, todavia, certo abrandamento na interpretação finalista, na medida em que se admite, excepcionalmente, a aplicação das normas do CDC a determinados consumidores profissionais, desde que demonstrada, in concreto, a vulnerabilidade técnica, jurídica ou econômica.*

*2. A recorrida, pessoa jurídica com fins lucrativos, caracteriza-se como consumidora intermediária, porquanto se utiliza dos serviços de telefonia prestados pela recorrente com intuito único de viabilizar sua própria atividade produtiva, consistente no fornecimento de acesso à rede mundial de computadores (internet) e de consultorias e assessoramento na construção de homepages, em virtude do que se afasta a existência de relação de consumo. Ademais, a eventual hipossuficiência da empresa em momento algum foi considerada pelas instâncias ordinárias, não sendo lídimo cogitar-se a respeito nesta seara recursal, sob pena de indevida supressão de instância.*

*3. Todavia,* in casu, *mesmo não configurada a relação de consumo, e tampouco a fragilidade econômica, técnica ou jurídica da recorrida, tem-se que o reconhecimento da responsabilidade civil da concessionária de telefonia permanecerá prescindindo totalmente da comprovação de culpa, vez que incidentes as normas reguladoras da responsabilidade dos entes prestadores de serviços públicos, a qual, assim como a do fornecedor, possui índole objetiva (art. 37, § 6º, da CF/88), sendo dotada, portanto, dos mesmos elementos constitutivos. Neste contexto, importa ressaltar que tais requisitos, quais sejam, ação ou omissão, dano e nexo causal, restaram indubitavelmente reconhecidos pelas instâncias ordinárias, absolutamente soberanas no exame do acervo fático-probatório.*

*4. Por fim, com base na análise do conjunto fático-proba-*

*tório, principalmente das perícias realizadas, cujo reexame é vedado nesta seara recursal (Súmula 07 da Corte), entenderam as instâncias ordinárias que o incêndio que acometeu as instalações telefônicas da concessionária não consubstancia caso fortuito, não havendo que se falar em excludente da responsabilidade civil objetiva da recorrente.*

*5. Diante do exposto, a manutenção da condenação da empresa concessionária de telefonia é medida de rigor, mesmo que por outros fundamentos, alterando-se tão somente a qualificação jurídica dos fatos delineados pelas instâncias ordinárias, da responsabilidade consumerista para a dos entes prestadores de serviço público, ante identidade e comprovação dos elementos configuradores da responsabilização civil, ambas de ordem objetiva, a par de restar comprovada a ausência de qualquer causa excludente da responsabilidade civil.*

*6. Com efeito, não se mostraria razoável, à luz dos princípios da celeridade na prestação jurisdicional, da economia processual, da proporcionalidade e da segurança jurídica, anular-se todo processo, equivalente a 05 (cinco) anos de prestação de serviço judiciário, no qual restou exaustivamente discutida e demonstrada responsabilidade civil da empresa concessionária de telefonia, sob pena de se privilegiar indevidamente o formalismo exacerbado em total detrimento do escopo de pacificação social do processo, mantendo-se situação de instabilidade e ignorando-se por completo orientação preconizada pelos modernos processualistas.*

*7. Recurso Especial não conhecido* (STJ, Rel. Min. Jorge Scartezzini, data de julgamento: 03/05/2005, T4 – Quarta Turma).

Assim, o STJ realiza a análise acerca da relação de consumo existente, bem como o grau de vulnerabilidade das partes no caso concreto.

Assim entendido, o art. 29 do CDC estende o conceito de consumidor para alcançar todas as pessoas, determináveis ou não, expostas às práticas comerciais ou contratuais abusivas. Equiparam-se aos consumidores, por força do Código, por exemplo, as pessoas jurídicas de direito público interno ou externo. Nesta condição, o fornecedor responde pelos vícios em produtos e/ou serviços alienados à União, Estados-membros, Municípios, Distrito Federal, autarquias, fundações, empresas públicas e sociedades de economia mista.

### 3. Aumentar a produtividade da empresa

O cumprimento interno da segurança, dos salários, dos benefícios dos colaboradores, das compensações e da proteção dos funcionários criará um ambiente positivo no ambiente de trabalho. Os funcionários vestem mais a camisa quando sentem que estão bem recompensados por seus esforços e que estão seguros no âmbito do negócio.

É importante que a **Compliance** interna seja cumprida, uma vez que assegurará que os funcionários estejam satisfeitos e que todas as queixas ou questões sejam monitoradas e endereçadas adequadamente antes que elas cresçam e afetem toda a corporação.

Sempre haverá regras estabelecidas para garantir que tudo seja justo e seguro para a empresa, seus funcionários, seus consumidores e até mesmo seus concorrentes. Com a assessoria acertada o Compliance correto e um bom departamento jurídico de Compliance, uma empresa pode alcançar todos os benefícios acima mencionados e trabalhar para uma maior produtividade e melhor desempenho no mercado.

### Especialização em Compliance

Recentemente, no Brasil, tivemos uma sequência de vários escândalos corporativos envolvendo corrupção, como o caso da Operação Lava Jato. Como resultado, garantir o cumprimento das leis locais e internacionais passou necessariamente a fazer parte das atividades comuns e diárias de uma empresa.

Com a promulgação da Lei nº 12.846/2013, que entrou em vigor em 29 de janeiro de 2014, conhecida como "Lei Anticorrupção", todas as empresas brasileiras e seus dirigentes passam, agora, a ser expostos a graves consequências, na esfera civil e administrativa, por práticas de atos lesivos à Administração Pública, nacional ou estrangeira, se for praticado em seu interesse ou benefício, exclusivo ou não.

Desde então, empresas de diversos setores estão cada vez mais sentindo a necessidade de desenvolver uma "política de Compliance" mais formal, introduzindo processos legais eficazes de gerenciamento de riscos, abrangendo uma ampla gama de áreas, desde antitruste a anticorrupção e suborno, e desde proteção dos funcionários a proteção de dados e privacidade.

É aí que entram os especialistas em Compliance. Em um artigo, falamos sobre a tendência de especialização do Direito de maneira geral e como o Compliance segue como tendência entre as carreiras mais promissoras em 2017, segundo uma pesquisa realizada pela revista *Exame* entre recrutadores brasileiros.

Compliance Jurídico é o conjunto de procedimentos visando a prevenir riscos e estabelecer regras para o cumprimento correto de normas legais, como exame de contratos que geram obrigações para a empresa, nos diversos negócios a que se dedica, inclusive na área ambiental como na área do Código do Consumidor. O Direito do Trabalho deve também compor o setor de Compliance quer pela sua importância organizacional quer pelos riscos financeiros que acarreta, especialmente se houver setores terceirizados.

O objeto do *compliance jurídico* deve ter por escopo: informar sobre as novas leis, regulando seus procedimentos quando ocorrerem no âmbito de sua atuação. Outro aspecto relevante é investigar eventuais práticas ilegais que podem estar ocorrendo, tanto dolosas como culposas, e, em especial, corrupção tanto ativa como passiva.

O cumprimento das normas legais é assim primordial e compreende o exame de contratos que geram obrigações para a empresa. Fraudes eletrônicas com espionagem, vazamento de dados, eventuais ataque de hacker devem ser rigorosamente investigados.

A ética deve pressupor uma conduta interior independente da norma, seja pessoa física ou jurídica, que repugna-lhes a prática de atos contrários a sua consciência ou formação. Para tanto a empresa deve ter um programa de formação de lideranças capazes de incorporar os conceitos éticos que os disseminem junto aos seus subordinados como: governança corporativa, divulgação de informações jurídicas aos acionistas, consumidores e fornecedores.

Afora os acordos de leniência a serem celebrados com as autoridades quando ocorrem ilícitos, deverão resultar dessa colaboração identificação de envolvidos, quando ocorrer, e fornecimento rápido de documentos.

O trabalho a ser executado na área de compliance jurídico não deve envolver-se com o Departamento Jurídico normal e contencioso, pois quem discute contratos pode não ter a imparcialidade e neutralidade necessárias para julgá-los.

Quem analisa e corrige erros e fraudes não pode participar das operações comerciais da sociedade, nem das atividades rotineiras do Departamento Jurídico Contencioso.

A colaboração com as autoridades pode mitigar sanções e mesmo, em certos casos, eximir responsabilidades, mas envolve riscos, com multas e processos apesar da colaboração uma vez que em certos casos o Ministério Público não pode abrir mão de propor uma ação Civil Pública.

Aspectos do Regulamento da Lei Anticorrupção (Decreto-Lei nº 8.420, de 18 de novembro de 2015).

A lei dispõe que não será considerado programa meramente formal, Código de Ética apenas para inglês ver.

O Código do Consumidor estabelece no seu art. 3° o conceito de fornecedor, definindo-o como:

> *Art. 3º. Fornecedor é toda pessoa física ou jurídica, pública ou privada, nacional ou estrangeira, bem como os entes despersonalizados, que desenvolvem atividades de produção, montagem, criação, construção, transformação, importação, exportação, distribuição ou comercialização de produtos ou prestação de serviços.*

Importante salientar que a conceituação acima amplia o leque dos possíveis responsáveis por danos provocados ao consumidor, evitando com isso que parte da cadeia produtiva não seja responsabilizada por sua conduta. O legislador busca conferir ao conceito de fornecedor a maior amplitude possível, com o escopo de firmar a responsabilidade solidária, nas relações consumeristas, de todos os corresponsáveis por casuais vícios ou defeitos de produtos e serviços.

Para Claudia Lima Marques (1992, p. 407 e 408) a definição é novamente ampla e exemplifica:

> *Quanto ao fornecimento de produtos, o critério caracterizador é desenvolver atividades tipicamente profissionais, como a comercialização, a produção, a importação. Indicando também a necessidade e certa habitualidade, como a transformação. A distribuição de produtos. Tais características vão excluir da aplicação das normas do Código todos os contratos firmados entre dois consumidores não profissionais. A exclusão parece-me correta, pois o Código, ao criar direitos para os consumidores, cria deveres, e amplos, para os fornecedores.*

Há outros dois requisitos necessários para a conceituação de fornecedor, quais sejam: habitualidade e onerosidade. Os parágrafos que seguem a conceituação acima conceituam produto e serviço à luz da legislação consumerista e assim define:

> § 1º Produto é qualquer bem móvel ou imóvel, material ou imaterial.
>
> § 2º Serviço é qualquer atividade fornecida no mercado de consumo, mediante remuneração, inclusive as de natureza bancárias, financeiras, de crédito e securitária, salvo as decorrentes das relações de caráter trabalhista.

Assim, ficaram fora do abarcamento dedicado ao consumidor apenas as demandas de cunho trabalhista, porém, existiram controvérsias acerca dos contratos de natureza bancária, travando inúmeros debates no Judiciário brasileiro que culminou no julgamento da Ação Direta de Inconstitucionalidade nº 2.591 na qual o STF decidiu o cabimento da aplicação da legislação dedicada ao consumidor aos contratos bancários, pacificando assim a aplicabilidade da Lei. És o julgado:

> *(CÓDIGO DE DEFESA DO CONSUMIDOR. ART. 5º, XXXII, DA CB/88. ART. 170, V, DA CB/88. INSTITUIÇÕES FINANCEIRAS. SUJEIÇÃO DELAS AO CÓDIGO DE DEFESA DO CONSUMIDOR, EXCLUÍDAS DE SUA ABRANGÊNCIA A DEFINIÇÃO DO CUSTO DAS OPERAÇÕES ATIVAS E A REMUNERAÇÃO DAS OPERAÇÕES PASSIVAS PRATICADAS NA EXPLORAÇÃO DA INTERMEDIAÇÃO DE DINHEIRO NA ECONOMIA [ART. 3º, § 2º, DO CDC]. MOEDA E TAXA DE JUROS. DEVER-PODER DO BANCO CENTRAL DO BRASIL. SUJEIÇÃO AO CÓDIGO CIVIL.*
>
> *1. As instituições financeiras estão, todas elas, alcançadas pela incidência das normas veiculadas pelo Código de Defesa do Consumidor.*
>
> *2. "Consumidor", para os efeitos do Código de Defesa do Consumidor, é toda pessoa física ou jurídica que utiliza, como destinatário final, atividade bancária, financeira e de crédito.*

3. *O preceito veiculado pelo art. 3º, § 2º, do Código de Defesa do Consumidor deve ser interpretado em coerência com a Constituição, o que importa em que o custo das operações ativas e a remuneração das operações passivas praticadas por instituições financeiras na exploração da intermediação de dinheiro na economia estejam excluídas da sua abrangência.*
4. *Ao Conselho Monetário Nacional incumbe a fixação, desde a perspectiva macroeconômica, da taxa base de juros praticável no mercado financeiro.*
5. *O Banco Central do Brasil está vinculado pelo dever--poder de fiscalizar as instituições financeiras, em especial na estipulação contratual das taxas de juros por elas praticadas no desempenho da intermediação de dinheiro na economia.*
6. *Ação direta julgada improcedente, afastando-se a exegese que submete às normas do Código de Defesa do Consumidor [Lei nº 8.078/90] a definição do custo das operações ativas e da remuneração das operações passivas praticadas por instituições financeiras no desempenho da intermediação de dinheiro na economia, sem prejuízo do controle, pelo Banco Central do Brasil, e do controle e revisão, pelo Poder Judiciário, nos termos do disposto no Código Civil, em cada caso, de eventual abusividade, onerosidade excessiva ou outras distorções na composição contratual da taxa de juros. ART. 192, DA CB/88. NORMA-OBJETIVO. EXIGÊNCIA DE LEI COMPLEMENTAR EXCLUSIVAMENTE PARA A REGULAMENTAÇÃO DO SISTEMA FINANCEIRO.*
7. *O preceito veiculado pelo art. 192 da Constituição do Brasil consubstancia norma-objetivo que estabelece os fins a serem perseguidos pelo sistema financeiro nacional, a promoção do desenvolvimento equilibrado do País e a realização dos interesses da coletividade.*
8. *A exigência de lei complementar veiculada pelo art.*

> *192 da Constituição abrange exclusivamente a regulamentação da estrutura do sistema financeiro. CONSELHO MONETÁRIO NACIONAL. ART. 4º, VIII, DA LEI N º. 4.595/64. CAPACIDADE NORMATIVA ATINENTE À CONSTITUIÇÃO, FUNCIONAMENTO E FISCALIZAÇÃO DAS INSTITUIÇÕES FINANCEIRAS. ILEGALIDADE DE RESOLUÇÕES QUE EXCEDEM ESSA MATÉRIA.*
>
> *9. O Conselho Monetário Nacional é titular de capacidade normativa – a chamada capacidade normativa de conjuntura – no exercício da qual lhe incumbe regular, além da constituição e fiscalização, o funcionamento das instituições financeiras, isto é, o desempenho de suas atividades no plano do sistema financeiro.*
>
> *10. Tudo o quanto exceda esse desempenho não pode ser objeto de regulação por ato normativo produzido pelo Conselho Monetário Nacional.*
>
> *11. A produção de atos normativos pelo Conselho Monetário Nacional, quando não respeitem ao funcionamento das instituições financeiras, é abusiva, consubstanciando afronta à legalidade.* (STF – ADI 2.591/DF, Rel. Min. Carlos Velloso, data de julgamento: 06/06/2006, Tribunal Pleno, DJ 29/09/2006, p. 31, ement. v. 2.249-02, p. 142).

O entendimento acima fortaleceu o regramento dedicado ao consumidor, ao mesmo temo que demonstrou a sobreposição dos princípios da boa-fé e confiança ao *pacta sun servanda*, relativizando assim a força obrigatória dos contratos em detrimento a hipossuficiência e vulnerabilidade do consumidor bancário.

Podemos expandir a definição de fornecedor àqueles que exportam produtos ou serviços para o País, sendo denominados fornecedores estrangeiros ou alienígenas. Os importadores arcam com a responsabilidade por eventuais danos e ou reparos, mas *a posteriore* poderá regredir contra os fornecedores exportadores. Isso é o que dita e exemplifica o art. 12 do CDC.

De acordo com Grinover (2004, p. 181), temos três categorias clássicas de fornecedores:

> *I. o fornecedor real, compreendendo o fabricantes, o produtor e o construtor;*
>
> *II. o fornecedor presumido, assim entendido o importador de produto industrializado ou in natura;*
>
> *III. o fornecedor aparente, ou seja, aquele que apõe (s.i.c) seu nome ou marca no produto final.*

## Como organizar o Departamento Jurídico de Compliance

1. Imparcialidade e neutralidade devem ser pressupostos das apurações, independente da hierarquia da empresa.

2. Sigilo – Os procedimentos, análise e estudos dos casos na empresa devem revestir-se de absoluto sigilo quando estão sendo efetuados, evitando-se não apenas que os "indiciados" os conheçam, como também os demais funcionários, enquanto estão sendo processados.

Devem ser profissionais que tenham capacidade jurídica para examinar e aplicar as normas, mas também comunicar-se com os acionistas, os sócios, auditores e capacidade de negociar com os órgãos públicos, quando for o caso.

Capacidade de criar e manter canais de comunicação, capazes de detectar em que áreas estão ocorrendo irregularidades também é importante.

Preservação da imagem e da seriedade da empresa. Imprimir no público externo essa imagem de modo a manter e ampliar seus negócios, dando-lhes credibilidade.

Conforme comentado anteriormente, o Programa de Manual de Ética Compliance deve conter:

1. Procedimentos a serem adotados.
2. Colocar os interesses dos clientes à frente dos próprios interesses.
3. Preservar o sigilo das informações comunicadas pelos clientes no

âmbito das relações gestor – cliente.

4. Não participar de qualquer relacionamento comercial ou aceitar presentes que afetem a independência, objetividade ou fidelidade do cliente.

5. Não se envolver com práticas concebidas para manipular preços ou inflar artificialmente os volumes negociados com a finalidade de enganar o mercado.

6. Tratar de forma justa e objetiva todos os clientes ao fornecer informações de investimento.

7. Usar preços justos de mercado ao avaliar os investimentos dos Clientes.

8. Não fazer declarações enganosas sobre o desempenho de carteiras administradas pela empresa.

Todas essas práticas criam uma cultura de honestidade que, ao final resultará sempre em mais ganho de resultado.

Os órgãos públicos legitimados poderão tomar dos interessados compromissos de ajustamento de conduta às exigências legais os quais terão eficácia de título executivo extrajudicial (art. 211 da Lei nº 8.069/90). Trata-se de um instrumento de resolução negociado, tomado no âmbito extrajudicial.

> *Art. 841 do Código Civil. – Só quanto a direitos patrimoniais de caráter privado se permite a transação.*
>
> *Art. 851 – É admitido compromisso judicial ou extrajudicial para resolver litígios entre pessoas que podem contratar.*

O Ato Normativo nº 484/2006 dispõe no art. 88 que o TAC pode ser formalizado na Ação Cível Pública para homologação por sentença.

Assim o TAC tornou-se possível e admissível para quaisquer interesses difusos coletivos, individuais homogêneos, passando a prever cominação de multa quando de seu descumprimento.

O *Compliance* através da aplicação de seu programa deve estar de acordo com os princípios dos sócios ditados no Código de Ética e Conduta da empresa. Não existirá programa de integridade sem total apoio e execução por parte de sócios e da diretoria.

Acompanhar o mercado profissional na área de *Compliance* tem sido bastante movimentado, o interesse tem sido constante por Planos de Integridade, Gestão interna de Procedimentos e naturalmente Controle de Riscos. Não é por acaso. O Brasil passa por um de seus momentos político-econômicos mais complicados nos últimos tempos. As consequências nos negócios são desastrosas e repercutem com força na organização das empresas.

Tempos de crise, tempos de repensar.

Com as organizações clamando por melhores resultados os problemas aparecem com mais força: procedimentos falhos, riscos altíssimos para o patrimônio dos sócios e rotinas sem fluxos organizados.

O *Compliance* puro e procedimental vem com toda força tanto para multinacionais como para empresas de menor porte, o tamanho não importa mais. O que importa é apurar o problema, medir o risco e tê-lo sob análise da alta gestão.

Assim, termos nossa operação mais eficiente tornou-se tão importante quanto sermos juridicamente eficazes.

Ajustarmos o cumprimento de normas, autorizações e permissões emitidas pelas Agências Reguladoras, analisar o relacionamento e seus riscos de negócios com o Poder Publico, terceirizados, clientes fornecedores e funcionários trouxe o Legal **Compliance** a um papel fundamental nas organizações.

A analise dos negócios sob o ponto de visto dos riscos jurídicos trata-se de uma análise global da empresa e todos seus *stakeholders,* relacionando-se com o Poder Público (submetido à Lei Anticorrupção ou ao FCPA), entre privados *(commercial bribery,* que em algumas circunstâncias também se submetem ao FCPA e UK *Anti-Bribery Act)* ou internamente entre sócios.

O espaço ficou restrito para empresas desalinhadas aos princípios de Governança Corporativa e os valores organizacionais (ética, *compliance, accountability,* reputação) são pilares de sobrevivência.

A necessidade de administradores, sócios ou diretores entenderem que os interesses individuais não devem misturar-se aos interesses da organização já é questão ultrapassada. O conflito de interesse não é mais aceito nas rotinas, e procedimento não é desconfiança, e sim efetividade e sentido para a organização.

Está mais do que na hora de nos darmos conta de que **ética é a integridade na gestão**, e deve ser aplicada na cultura da empresa através de um aprendizado adquirido com o tempo. Portanto, gestão ética é a aplicação dos conceitos de Compliance pelos diretores e sócios das empresas.

Os benefícios não serão poucos quando da procura e aplicação destes conceitos. O Programa de *Compliance* fortalece o relacionamento com os fornecedores, reflete no clima da empresa e começa a fazer parte da cultura organizacional, contribui para a antecipação e solução dos problemas, aumenta a produtividade e os lucros e por fim, amplia a confiança de todos os envolvidos na organização, mas principalmente dos investidores.

O *Compliance*, através da aplicação de seu programa, deve estar de acordo com os princípios dos sócios, ditados no Código de Ética e Conduta da empresa. Não existirá programa de integridade sem total apoio, inserção e execução por parte de sócios e da diretoria.

O renomado *Compliance* veio nestes tempos relembrar o que nunca deveríamos ter esquecido, dito por Martin Luther King Jr: "Sempre é hora de fazer o que é certo".

Depois da promulgação da Lei de Defesa da Concorrência e da Lei Anticorrupção em janeiro de 2014, profundas mudanças foram empregadas na comunidade empresarial brasileira. O temor da aplicação de pesadas sanções pecuniárias, que podem chegar até 20% do faturamento bruto do último exercício e do abalo de imagem vinculado a condenações dessa natureza, não apenas fomentou a adoção de medidas preventivas e o desenvolvimento de controles internos pelas companhias, como provocou uma verdadeira mudança na cultura e nos padrões de conduta das empresas e seus empregados.

Compliance tornou-se uma palavra de ordem. A partir dela, empresas vêm multiplicando a implementação de programas e políticas corporativas relacionadas a controles internos, escritórios de advocacia e firmas de auditoria e consultoria estão investindo pesadamente nesse novo tipo de prática especializada. Há quatro anos atrás praticamente não havia área específica para Compliance na grande maioria dos escritórios, e isso está mudando rápido. O Direito da Concorrência se beneficiou com esse incentivo adicional do cumprimento da lei que veio da legislação anticorrupção. Na área concorrencial também, o Compliance vem ganhando destaque, sobretudo depois da edição pelo Cade no exercício da sua função educativa de um guia para programas de Compliance concorrencial, como forma de estimular a implementação de programas dessa natureza pelas empresas e reduzir a ocorrência de violações específicas à Lei da Concorrência.

As empresas vêm adotando múltiplas medidas para se adequar a esse novo cenário, como a criação de metas para os executivos atrelados a treinamentos específicos sobre leis e programas de Compliance, a disseminação por meio da liderança de uma cultura ética e transparente em conformidade com a lei, de cima para baixo, disseminando um discurso coeso que faz toda a diferença na sua implementação. Viemos de uma cultura antiga em que os funcionários ainda não absorveram plenamente o conceito de estar em conformidade com a lei, imaginando que "pequenas" irregularidades e conduta ilícitas podem ser benéficas para empresa, num pensamento limitado que não observa as consequências no médio e longo prazo. Existe uma série de zonas cinzentas de interpretação em que é necessário treinamento para que se possa agir com tranquilidade. A existência de departamentos específicos e independentes de Compliance e de prevenção de fraudes, o fortalecimento de auditoria interna e do próprio jurídico interno, além do fortalecimento da interação dessas áreas com as áreas de negócio são extremamente relevantes para que suas intervenções não sejam tardias.

É de suma importância lutar contra a ideia de que o jurídico, a auditoria, ou quem quer que esteja reforçando a conformidade são setores que estão tentando vetar ou de qualquer forma impedir a realização dos negócios. Elas na verdade estão tentando juntar forças com as outras áreas para fazer de maneira correta e dentro do estrito limite da lei, afim de evitar consequências desastrosas no futuro. Uma linha objetiva e extremamente acessível deve ser compreensível a qualquer novo empregado. Em algumas situações específicas, podem ser empregados *Due Dilligences*, seja na contratação de terceiros e seleção de parceiros de negócios. Ainda existem outras medidas bastante simples, mas extremamente eficazes que ajudam no controle interno, como vedação a substabelecimento, vedação a subcontratação, medidas pequenas mas que podem fazer diferença.

O jurídico tem um papel preventivo e educativo extremamente relevante, especialmente na elaboração e disseminação de políticas internas, na elaboração de cláusulas padrão inibidoras associadas à anticorrupção, na redação e controle de contratos, e sobretudo no contato e interação com os clientes internos. As áreas de marketing, de *trade marketing*, comercial, M&A, são áreas com potencial de execução de práticas irregulares ou ilícitas, não por desejo de descumprir as leis, mas pela ânsia de realizar seus negócios e alcançar o objetivo social. A medida das mais eficazes é uma atuação conjunta, do jurídico, da área de prevenção de fraudes em parceria das áreas mencionadas acima, sem censurar pela censura, pela criação de impedimentos, mas pela conscientização de que ao se exceder na atuação incorre-se em riscos jurídicos que podem ser extremamente danosos à companhia. É um processo que possui uma série de dificuldades, que envolve a mudança de cultura e o nivelamento de valores da empresa, que muitas vezes é dinâmica, que possui uma série de camadas muito distintas umas das outras, tanto local quanto regionalmente.

É muito difícil incutir de forma igual na cabeça de todos a importância do cumprimento das normas. A agressividade para sobrevivência no mercado frequentemente leva a uma insensibilidade que cria uma cultura de tomada de riscos para atender demandas por lucros, vendas e *market share*, que para muitos profissionais pode falar mais alto. Dentro da empresa existem diversas forças que precisam ser temperadas pelos imperativos éticos de respeito à ordem econômica e regras de defesa da concorrência.

O cenário do direito concorrencial está mudando substancialmente, e isso vem demandando muitas reflexões e adaptações para as práticas comerciais, investimento de recursos humanos e financeiros por parte das empresas. O balanço é sem sombra de dúvidas positivo, e a constatação é que, se num primeiro momento a motivação para prevenção desses ilícitos e de práticas anticoncorrenciais vem naturalmente da magnitude das penalidades, num segundo momento vem principalmente da constatação que a adoção dessas práticas gera valor ao acionista. Por essa razão, essas novas leis estabeleceram uma relação muito positiva ao estimular a responsabilidade ética das corporações. As empresas vêm percebendo que elas não perdem só com as penalidades da Justiça, mas há também um consumo de energia muito grande que desvia da atividade final da companhia ao manter práticas fora dos padrões aceitáveis nesse novo cenário que o mercado amadurecido estabeleceu nos últimos anos.

A imagem negativa gerada pelas práticas pernósticas tem certamente muito mais a prejudicar do que beneficiar as organizações. Companhias que assumem responsabilidades sociais estão compatíveis com as demandas de desenvolvimento da sociedade, o que por si só tem um poder de atrair investidores que nem todos ainda parecem ter notado.

A mudança cultural que vem acontecendo, especialmente desde a promulgação à Lei de Concorrência e da Lei Anticorrupção foi de tal forma profunda e legítima que no âmbito empresarial fez compreender que o alinhamento à lei, mais do que a conformidade ou um preceito normativo para o afastamento de penalidades, gera benefícios à companhia e valor para os acionistas. As empresas que não se adaptarem a esse novo cenário vão acabar ficando muito para trás.

Em momentos de crise, inteligentes são aqueles que preveem o "erro" e o impedem de ocorrer, e essa prática se faz possível dentro do ramo empresarial por meio do *Profissional Compliance*.

O significado da palavra *compliance*, vem da língua inglesa, do verbo *to comply*, que significa cumprir.

A atividade de *compliance* busca, preliminarmente, a interpretação e o estudo das leis e normas, de forma eficaz, consultiva e preventiva, buscando evitar demandas judiciais, fraudes e conflitos para as empresas.

Função que a meu ver deve ser exercida pela Área Jurídica, pois apenas esse profissional poderá aplicar de forma clara e verídica a atividade de *compliance*.

Suas atribuições vão além da interpretação das normas jurídicas gerais. O profissional deve buscar pelo conhecimento absoluto do ramo de atividade da empresa para que seja feito um estudo específico e detalhado das leis e normas que regem esse meio.

O profissional *compliance* pode auxiliar a empresa, em todas as áreas internas, como funcionários, área fiscal, área contábil, em auditorias bem como áreas externas em relações com clientes físicos e jurídicos, de economia pública ou privada, o que faz desse profissional um consultor essencial em todas as atividades exercidas no ramo empresarial.

Diante dos momentos atuais em que vivemos, as empresas, sendo elas de pequeno, médio ou grande porte, devem preocupar-se em prevenir os riscos de conflitos e fraudes que podem lesionar seu faturamento com grandes sanções, bem como impactar na visão externa da empresa perante o mercado e seus clientes, se for o caso.

Com o profissional de *compliance*, devem ser tomadas medidas para garantir a segurança da atividade empresarial.

Fazendo com que a empresa adote regimentos internos, que devem atender as demandas da empresa, como exemplos poderão ser criados regimentos necessários aos funcionários para prevenir condutas inadequadas no ambiente de trabalho, a fim de evitar futuras demandas trabalhistas, bem como regimentos reguladores para empresas prestadoras de serviços públicos, de forma a garantir o controle das atividades, e sua aplicação de forma eficaz que não permita brechas para uma possível sanção administrativa.

O empresário deve preocupar-se com a visão que sua empresa transmite para o mercado, para os clientes e todos os envolvidos em seus negócios, uma empresa que não transmite confiança, pode não "sobreviver" às crises econômicas e à concorrência.

Para tanto, ao adicionar a sua rotina o profissional *compliance*, a empresa se beneficia imensamente, pois lhe será assegurado diminuição nos riscos da atividade que a empresa exerça, bem como quando não seja possível evitar a ocorrência de demanda judicial, o profissional *compliance* também auxiliará ou a representará perante a justiça, com base em seus vastos conhecimentos sobre todas as áreas da empresa.

## ◀ LEI Nº 12.846 DE, 1º DE AGOSTO DE 2013 – A LEI ANTICORRUPÇÃO

Com a entrada em vigor da Lei Anticorrupção, a procura pelos profissionais de *compliance* vem crescendo significativamente, mas talvez não o suficiente.

A Lei nº 12.846/2013 prevê a responsabilidade objetiva civil e administrativa de pessoas jurídicas pelas práticas de atos ilícitos contra a Administração Pública, sendo esses atos realizados, ou não em benefícios da empresa.

Dispõe ainda que a responsabilidade da pessoa jurídica não exclui a responsabilidade individual de seus dirigentes, administradores ou qualquer pessoa autora, coautora ou partícipe na prática do ato ilícito.

Muitas empresas não estão se preparando e garantindo a sua segurança contra as penas previstas nesta lei, estas empresas devem mostrar para o judiciário que estão assumindo condutas para prevenir a ocorrência de fraudes e práticas ilícitas em sua empresa.

O art. 6º da referida lei, em seu inciso I, nos aponta a gravidade de uma sanção que pode ser aplicada a empresa, quando prevê que "serão aplicadas às pessoas jurídicas consideradas responsáveis pelos atos lesivos previstos nesta Lei, multa de 0,1% (um décimo por cento) a 20% (vinte por cento) do faturamento bruto do último exercício anterior ao da instauração do processo administrativo". Com tamanha multa nota-se a necessidade imediata da empresa em assumir condutas a fim de evitar os crimes previstos na lei.

A corrupção nunca esteve em tanta evidência como nos dias atuais, e a figura do *compliance* está cada vez mais indispensável dentro das empresas, estas que devem se adequar as novas leis.

Ademais, as empresas que adotarem medidas para combater essas práticas, por meio do *compliance*, mostram um comprometimento de forma positiva em momentos que hajam processos instaurados, sendo importante até mesmo na aplicação de uma possível sanção.

1. No dia a dia da sua empresa tudo funciona conforme determinado na teoria?
2. Existe algum mecanismo para se certificar do que foi especificado como padrão e regra realmente na prática?

Se responderem de forma honesta, muitas empresas dirão que não. Realmente pode ser complicado garantir que rotinas e determinações impostas pelos gestores e pelo presidente sejam cumpridas em todas as esferas da operação, mas o descumprimento de algumas diretrizes pode prejudicar seriamente a sua empresa.

Por exemplo, vamos imaginar que a diretoria criou um programa de responsabilidade ambiental com uma série de mudanças que devem atingir todos os departamentos a partir da próxima semana. As orientações são ter cestos específicos para lixo reciclável, desligar luzes e equipamentos quando não estão sendo utilizados, implantar um sistema de reúso de água e diminuir o volume de impressões.

No entanto, quando as orientações são transmitidas para o restante da equipe, não é comunicada, por exemplo, nenhuma alternativa para as impressões em papel. Por isso, os funcionários continuam imprimindo todos os documentos como faziam antes.

Se não houver um acompanhamento e apuração do porquê não há redução do volume de papel e tinta para impressora, essa situação nunca será esclarecida.

Esse tipo de situação em que rotinas, regras ou processos não ficam claros ou não são adotados como uma cultura organizacional por todos os funcionários é bem comum e pode se repetir no departamento financeiro, administrativo, comercial, de RH, logística, de marketing... Mas ele se torna ainda mais perigoso quando se fala do aspecto legal. E a solução para esse último caso é o compliance jurídico.

A palavra "compliance" é derivada do verbo em inglês *"to comply"*, que pode ser sinônimo de cumprir, obedecer, concordar e executar. Ou seja, ter um sistema de compliance nas empresas significa certificar-se de que os parâmetros definidos na teoria serão cumpridos na prática.

Tratando especificamente da área legal, o compliance jurídico é o que assegura que as práticas do dia a dia da empresa estão em conformidade com os estatutos internos da empresa e a legislação que rege suas atividades.

Assim, o compliance jurídico garante a obediência às leis trabalhistas, ao cumprimento dos horários de entrada e saída estabelecidos pela empresa, às regras de higiene e cuidado sanitário que o setor demanda, às práticas comerciais acordadas pelo mercado, às leis que norteiam o Direito do Consumidor e mais uma série de regras internas e externas que a empresa e seus colaboradores devem atender.

Todas essas regras, normalmente, estão descritas em algum lugar, seja na própria legislação ou em um contrato de trabalho, mas, muitas vezes, são negligenciadas pelos funcionários ou pelos gestores, seja por não terem conhecimento delas, por não estarem realmente claras ou até mesmo porque querem declaradamente burlar as normas.

E a importância do compliance jurídico está justamente em garantir que esses parâmetros sejam ajustados de forma a ser transparentes, éticos e de fácil entendimento e cumprimento.

Quando não existe o compliance jurídico, os funcionários e a própria empresa podem estar agindo na ilegalidade, e isso pode levar a sérios problemas judiciais, multas e até ao fechamento da empresa.

O primeiro passo é contratar um bom escritório de advocacia que seja especializado em Direito Empresarial.

Isso porque não existe um "manual" de compliance jurídico válido para qualquer empresa, e este é um procedimento que precisa ser totalmente personalizado. Nesse sentido, torna-se fundamental contar com o auxílio de um profissional para estudar a fundo o seu negócio, avaliar os processos que já existem, otimizá-los e garantir o seu cumprimento sempre.

Na prática, o que os advogados vão fazer é analisar todos os direitos e deveres da empresa, dos funcionários, clientes e fornecedores de acordo com a legislação e as definições internas.

Nesse momento pode ser necessário fazer ajustes de contratos, Termos de Uso e de Privacidade e nos estatutos internos. Esse trabalho funciona, também, como uma proteção preventiva, já que identifica riscos e brechas e os corrige antes que se tornem problemas jurídicos.

Ou seja, por meio do compliance nas empresas é possível, também, fazer a prevenção e a correção antes que elas causem danos, como também garantir o cumprimento das regras estabelecidas. Dessa forma, o compliance jurídico cobre o "antes, durante e o depois" dos processos empresariais.

**Referências**

BRANCO, Gerson Luiz Carlos. COSTA, Judith Martins. *Diretrizes Teóricas do Novo Código Civil Brasileiro*. São Paulo: Saraiva, 2002.

BRASIL. *Lei nº 10.406, de 10 de janeiro de 2002*. Código Civil Brasileiro. Brasília: Senado, 2002.

BRASIL. *Lei nº 8.078, de 11 de setembro de 1990*. Código de Proteção e Defesa do Consumidor. 11. ed. São Paulo: Saraiva, 2003. v. 19.

BRASIL. *Lei n° 5.869, de 11 de janeiro de 1973*. Código de Processo Civil. 9. ed. São Paulo: Saraiva, 2003.

BRASIL. *Constituição da República Federativa do Brasil*. Disponível em: <http://www.planalto.gov.br/ccivil_03/Constituicao/Constituicao.htm.> Acesso em: 24/set./2013.

COSTA, Judith Martins. A *Boa-Fé no Direito Privado*. 1. ed., 2ª. tiragem. São Paulo: Revista dos Tribunais, 2000.

DANTAS JUNIOR, Aldemiro Rezende. *Teoria dos Atos Próprios no Principio da Boa-Fé*. São Paulo: Juruá Editora, 2007.

EICH, Ranieri. *Inversão do Ônus da Prova no CDC e no CPC*. Jus Navigandi, Teresina, ano 9, n. 427, 7 set. 2004. Disponível em: <http://jus.com.br/artigos/5657>. Acesso em: 29 set. 2013.

FILOMENO, José Geraldo Brito. *Manual de Direitos do Consumidor*. 5. ed. São Paulo: Atlas, 2001.

GAMA, Hélio Zaghetto. *Curso de Direito do Consumidor*. Rio de Janeiro: Forense, 2002.

GRINOVER, Ada Pellegrini. *Código de Defesa do Consumidor:* comentado pelos autores do anteprojeto. 8. ed. Rio de Janeiro, 2004.

_____. et al. *Teoria geral do processo*. 12. ed. São Paulo: Malheiros, 1996.

MARQUES, Cláudia Lima. *Contratos no Código de Defesa do Consumidor:* o novo regime das relações contratuais. 2. ed. São Paulo: Revista dos Tribunais, 1992.

_____. *Contratos no Código de Defesa do Consumidor*. O novo regime das relações contratuais. 6. ed. Editora Revista dos Tribunais, 2011.

MORAES, Alexandre de. *Direito Constitucional*. 6. ed. São Paulo: Atlas, 1999.

NUNES, Luiz Antônio Rizzatto. *Comentários ao Código de Defesa do Consumidor*: direito material (arts. 1º a 54). São Paulo: Saraiva, 2000.

NUNES, Luiz Antônio Rizzatto. *Curso de Direito do Consumidor:* com exercícios. São Paulo: Saraiva, 2004.

PASQUALOTTO, Adalberto. Cláusulas Abusivas em Contratos Habitacionais. In: *Revista de Direito do Consumidor do Instituto Brasileiro de Política e Direito do Consumidor*. São Paulo: Revista dos Tribunais, nº 40, out.-dez. 2001.

SANSEVERINO, Paulo de Tarso Vieira. *Responsabilidade Civil no Código do Consumidor e a Defesa do Fornecedor*. 3. ed. Saraiva, 2010.

SIDOU, J. M. Othon et al. *Dicionário Jurídico*. 5. ed. Rio de Janeiro: Forense, 1999.

Os vetores deste livro foram criados por freepik.com
Foto da capa 1: by Helloquence on Unsplash
Foto da capa 2: by Rafael De Nadai on Unsplash

Rua Alexandre Moura, 51
24210-200 - Gragoatá - Niterói - RJ
Telefax: (21) 2621-7007

**www.impetus.com.br**

Esta obra foi impressa em papel offset 75 grs./m²